人質司法

高野 隆

角川新書

他から干渉されない家族のコミュニケーションの意味を
私に与えてくれた父高野勲と母和子、そして妻嘉都子へ

まえがき

　いかなる国・政府にも、必ず、一定の行為を犯罪として定め、犯罪を行った疑いのある人の身柄を確保して、訴追し、その罪の有無を決定し、そして、有罪の場合には刑を執行するという仕組みがあります。刑事手続は国家権力というものが存在するもっとも中核的な理由の一つです。本書は、わが国において、犯罪を行った疑いのある人（被疑者・被告人）の身柄を確保する制度（未決拘禁）がどのように行われているのかを、普通の人々に理解してもらうことを目的として書かれました。

　叙述にあたって、私は事実――何が行われているのか――に徹底的にこだわりました。私自身が40年間にわたって繰り返し体験してきたことをベースにしています。しかし、それだけでは個人的・主観的すぎますから、歴史を紐解《ひもと》き、海外の制度との比較を行い、そして統計を参照しました。

　本書のタイトルを「人質司法」としたのは、現在のわが国の未決拘禁制度を表す言葉として、これ以上に適切な表現を見つけることができなかったからです。「人質司法」という表現は、主として、この国で刑事弁護を生業《なりわい》としている弁護士が使っています。誰が考えたというわけではなく、私自身も弁護士になって刑事弁護をやりはじめてすぐにこの言葉が口をついて出るようになりました。われわれ弁護士は依頼人のために、依頼人に代わって、依頼人の権利を行使する立場にあるわけですが、依頼人の権利を確保しそれを効果的に行使しようとすればするほど、依頼人の身柄拘束が行われ、長引くことになります。逆に、依頼人の権利を放棄することによってはじめて、依頼人は自由を確保し生活を維持することが可能になります。この状況を「人質」と表現するのは極めて適切だと思います。そして、この状況は、海外の仕組みと比較するとき、まさにわが国独特の仕組みであることがわかります。

ここで自由と交換される権利は、憲法がすべての市民に保障するもっとも基本的な権利です。この意味で、人質司法は犯罪者や悪人だけの問題ではなく、法律家だけが考えればよい話でもなく、日本国に暮らしているわれわれ普通の市民全員が議論しなければならない事柄でもあるのです。本書を通じてそのことを是非理解していただきたいと思います。刑事司法は国家の土台です。その有り様を国民の多くが理解していること、そして、政府の役人たちに任せきりにするのではなく、自分たちの言葉でそれを論じ続けることは、日本国が自由で安全な国であり、また国際社会において信頼される国家であるためには必要なことだと私は考えます。

目次

より離れ離れになった夫婦――ケース③／「鏡の国のアリス」のように逆流する時間

第2章　カルロス・ゴーンの拘禁、保釈、そして逃亡

婦の絆／公判開始を遅らせようとする検察／不信／尾行者、探偵会社、日産の関与／最後の日々

第3章　「取調べ受忍義務」

「取調べ受忍義務」を作り出した「但書の但書」／60年前の素朴な疑問に答えられない裁判制度／形骸化する取調べ拒否権／「取調べ要求に必ず応じなければいけない」という異常事態／「但書の但書」はどのような経緯で作られたか／「自由任意の承諾」によって引き起こされた人権蹂躙問題／ＧＨＱの法律家が見抜いた検察官僚の「思惑」／「逮捕又は勾留されている場合を除いては」の真の意味／「取調べ受忍義務」には根拠がない／黙秘権の背後にある血塗られた歴史／黙秘権は「沈黙する権利」ではない／拷問を抜きに語れない日本の刑事裁判の歴史／ＧＨＱが整備した刑事司法の人権規定／条文の言葉遊びは歴史を無視して

それ」があるとされる／明治・大正時代はどのような運用だったか／GHQが加えた「罪証を隠滅する虞」という文言／「罪証隠滅」をめぐる政府・議員・公述人の議論／誰も「人質司法」の誕生を予想しなかった／海外ではどういう運用か／罪証隠滅防止のための拘禁は憲法上許されるか

第6章　拘禁のための手続

ブラックボックスとなっている勾留の手続／限定的にならざるを得ない不服申立て／あまりに簡素な却下決定／最高裁のダブル・スタンダード／「勾留理由開示」という空疎な儀式／拘禁の根拠を示さなければいけないのは検察官／「人身保護法」の真の意味／本来の手続の中核にある「ディテンション・ヒアリング」／カフカ『審判』の世界

時には望ましい目的のためでさえ権力を行使できないこともあることを認めないかぎり、権力の濫用を防止することは決してできないだろう。

――F・A・ハイエク

訴訟法は裁判所の執務の安易や簡便のために設けられているものではない。

――小谷勝重《こたにかつしげ》、最高裁判所判事

もしも憲法上の権利の行使によって法執行制度の有効性が阻害されるのだとすれば、その制度の何かが非常に間違っているのである。

――アーサー・J・ゴールドバーグ、アメリカ連邦最高裁判所判事

第1章「鏡の国」の刑事裁判

勾留されない人は５％

まず、わが国の刑事裁判の現状を身柄拘束という点に焦点をあてて概観してみましょう。

日本では毎年約10万人が警察で逮捕されます。(1) 逮捕された人――「被疑者」と言います――は、48時間（２日）以内に検察官に身柄を送られます。「身柄を送られる」と言っても、検察庁に身柄が引き渡されるわけではなく、検察官の前に連れて行かれて、30分ぐらい取り調べを受けるとまた警察の留置場に連れ戻されます。検察官がその場で釈放するケースも、若干ですがあります。(2) しかし、大部分の被疑者について、検察官は勾留《こうりゅう》請求をします。「勾留」というのは、刑事裁判を適正に行うために被疑者の身柄を拘束し続ける必要がある場合に、裁判官の発行する令状（「勾留状」）によって一定期間被疑者の身柄を拘束することです。

わが国の勾留の要件は「被疑者が逃亡すると疑うに足りる相当な理由」「被疑者が罪証を隠滅すると疑うに足りる相当な理由」あるいは「住居不定」のいずれかです（刑事訴訟法60条1項）。要するに、「被疑者が行方をくらませて裁判ができなくなる危険性がある」、あるいは、「被疑者が証拠を破壊したり、重要証人に働きかけて嘘の証言をさせる危険性がある」というような場合、そうした危険性が現実のものとなったら適正な刑事裁判は実現できませんから、被疑者の身柄を拘束して、そうした事態を防止しようということです。この要件の有無を判断するのは裁判官です。裁判官は検察官が提供する資料（一件記録）を読んで、裁判所の一室で被疑者の弁解を聞いた上で（勾留質問）、勾留するかどうかを決めます。

しかし、実際のところ、裁判官はほとんどすべてのケースで被疑者の勾留を認めます。「逃亡すると疑うに足りる相当な理由」または「罪証を隠滅すると疑うに足りる相当な理由」あるいはその両方があるとして、勾留状が発付され、被疑者はさらに10日間警察の留置場で過ごさなければならなくなります。最近まで、勾留却下率（検察官が勾留状の発行を請求したが、裁判官がそれを認めなかった割合）は1％にも満たないものでした。ただし、最近になって却下率は急激に上昇し5％に達しています（表1-1）。しかし、いずれにしても、逮捕された被疑者のほとんどは、逃亡したり証拠を隠滅したりする危険性があると判断され

年	勾留請求人員数(人)	勾留請求許可人員数(人)	勾留請求却下人員数(人)	認容率	却下率
1990	72,597	72,471	126	99.8%	0.2%
1995	87,156	87,058	98	99.9%	0.1%
2000	115,625	115,391	234	99.8%	0.2%
2005	142,272	141,775	497	99.7%	0.3%
2010	115,804	114,567	1,237	98.9%	1.1%
2011	111,699	110,373	1,326	98.8%	1.2%
2012	113,617	112,047	1,570	98.6%	1.4%
2013	111,476	109,686	1,790	98.4%	1.6%
2014	109,258	106,806	2,452	97.8%	2.2%
2015	109,845	106,979	2,866	97.4%	2.6%
2016	105,669	102,089	3,580	96.6%	3.4%
2017	101,258	97,357	3,901	96.1%	3.9%
2018	99,967	95,079	4,888	95.1%	4.9%
2019	95,278	90,359	4,919	94.8%	5.2%

(注)2010年までは5年おきに表示。

表1－1　勾留請求の認容・却下率の推移（日本弁護士連合会編著『弁護士白書2020年版』より作成）

て、身柄を拘束され続けるのです。

「やむを得ない事由」がルーティンとなっている

法律の規定では、勾留期間は10日間に限定されています（刑事訴訟法208条1項）。この10日間に検察官は起訴するかどうかを決めなければなりません。「起訴」とは有罪判決を求めて裁判所に訴える手続です。起訴しなければ被疑者は釈放されます。起訴されると被疑者は「被告人」と呼び名を変えて、保釈が認められない限り身柄拘束が続きます。法律は、被疑者の勾留をしたら検察官は10日以内にこの判断をしなければならないとしたのです。

しかし、「やむを得ない事由があるとき」は、さらに最大で10日間この期間を延長することが認められています（同条2項）。「やむを得ない事由」というといかにも例外的で、突発的な事態に対処するための措置であるかのように聞こえますが、実際にはそうではありません。検察官は、ほとんどすべての事件で勾留延長を請求します。そして、裁判官はほとんどすべての事件で、検察官の請求どおり10日間の延長を認めます。つまり、勾留延長は例外的な措置としてではなく、一つのルーティンとして行われているのです。

これがルーティンであることを示すのが、「中間調べ」という警察用語です。「特捜事件」のような完全に検察主導で捜査される事件を除き、勾留期間中の取調べを主に担当するのは警察官です。検事調べは最初の10日間の勾留期間中に1～2回、延長後の勾留期間中に1～2回です。そして、最初の10日間の最後の検事調べのことを警察官は「中間調べ」というのです。10日が原則であるならそれは「最終調べ」のはずですが、もう延長されることが既成事実となっているので、それを「中間調べ」などと言うのです。

裁判官が「やむを得ない事由」があると認めて勾留延長を許可する具体的な理由は様々ですが、代表的なのは「被疑者取調べ未了」「関係者多数」「共犯者の取調べ未了」というような事柄です。薬物事件などでは「鑑定未了」というのもよく見られます。被疑者は、「警察官が自分にもっと聞きたいことがある」とか、「まだ関係者から話を聞き終えていない」とか、「押収した粉末が覚せい剤なのかどうか科捜研から返事が来ていない」というような理由で、さらに10日間警察の留置場で生活しなければならなくなります。

ところで、被疑者を取調べるのであれば、被疑者自身の身柄の確保が必要というのは、直観としてはなんとなくわかります(3)。しかし、関係者や共犯者（と疑われている人）を調べるのに被疑者の身柄を拘束する必要はありませんし、科捜研の薬物鑑定にも被疑者の身柄は関係ないでしょう。それではなぜ、こうした被疑者の身柄と関係のない捜査の必要性が、勾留延長の理由――「やむを得ない事由」――になるといえるのでしょうか。

実は私もよくわかりません。よくわからないので、勾留延長決定に対する準抗告（勾留とか保釈のような単独の裁判官が行う裁判に対する不服申立ての形式）を申し立てたりしますが、それに対する決定（棄却決定）には、詳しい説明はほとんど書かれていません。謎のままなのです。関係者に対する捜査側の取調べが終わる前に被疑者を釈放すると、被疑者がその関係者のところに赴いて口裏合わせをするということでしょうか。しかし、そうした事情が考えられないようなとき――たとえば、「関係者」が誰かを被疑者も知らないとき――にも、「関係者取調べ未了」という理由で勾留延長されることがあります。そして、「鑑定未了」に至っては、被疑者が科捜研の鑑定の邪魔をするというのでしょうか。

こうしてみると、勾留制度は被疑者の「逃亡」や「罪証隠滅」を防止する制度というより、

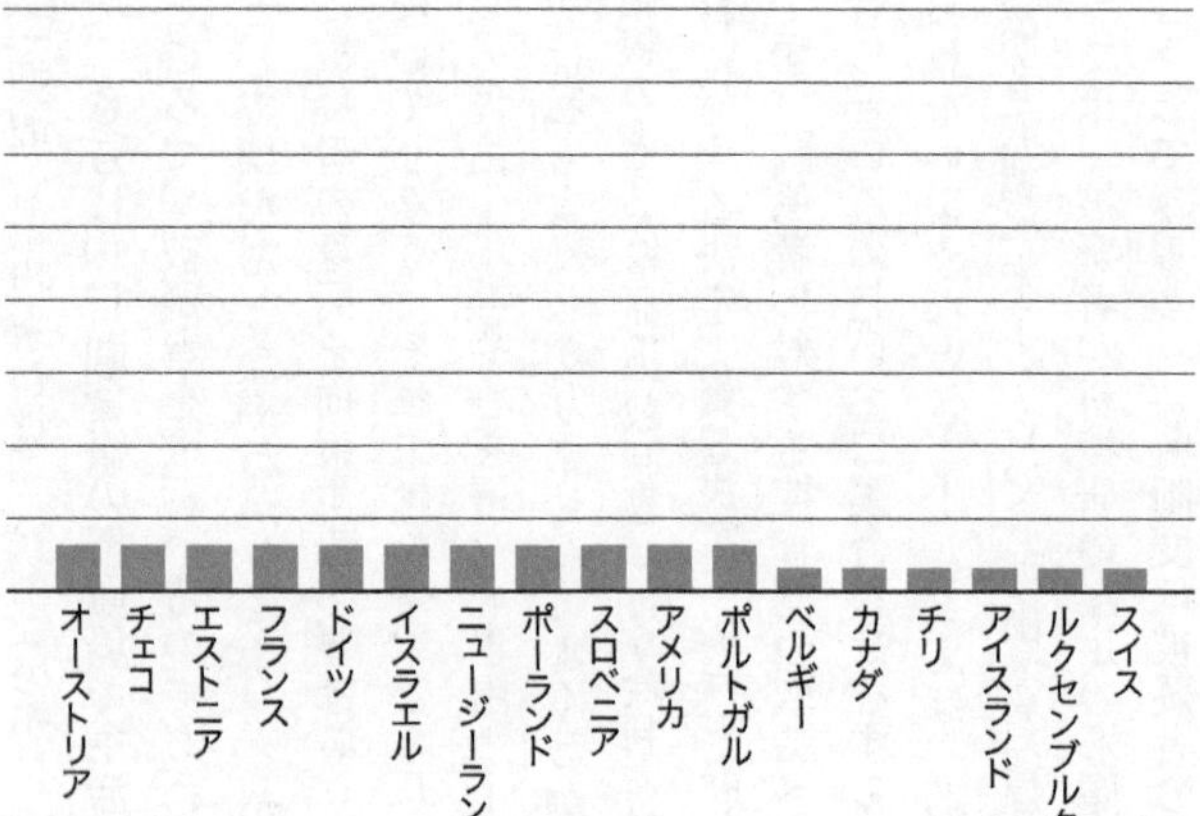

OF POLICE DETENTION IN JAPAN: CONSENSUS OF CONVENIENCE (Oxford

検察官が被疑者の起訴・不起訴を決定できるまでの間、彼または彼女の身柄を拘束しておく制度と見るほうが、実態に即していると言えるでしょう。被疑者の側から見ると、一旦《いったん》「逮捕」という入り口から刑事司法の流れに乗ってしまうと、警察と検察がその仕事を終えて自分を訴追しないという決定をするまでは、自由を奪われるということです。言い換えれば、逮捕されたら23日間（3日＋10日＋10日）を警察の留置場で過ごさなければならないということです。

訴追されることなく23日間もの長期間にわたって身柄拘束を許す国は主要民主主義国のなかには存在しません（図1－1）。欧米諸国では最長で1日ないし3

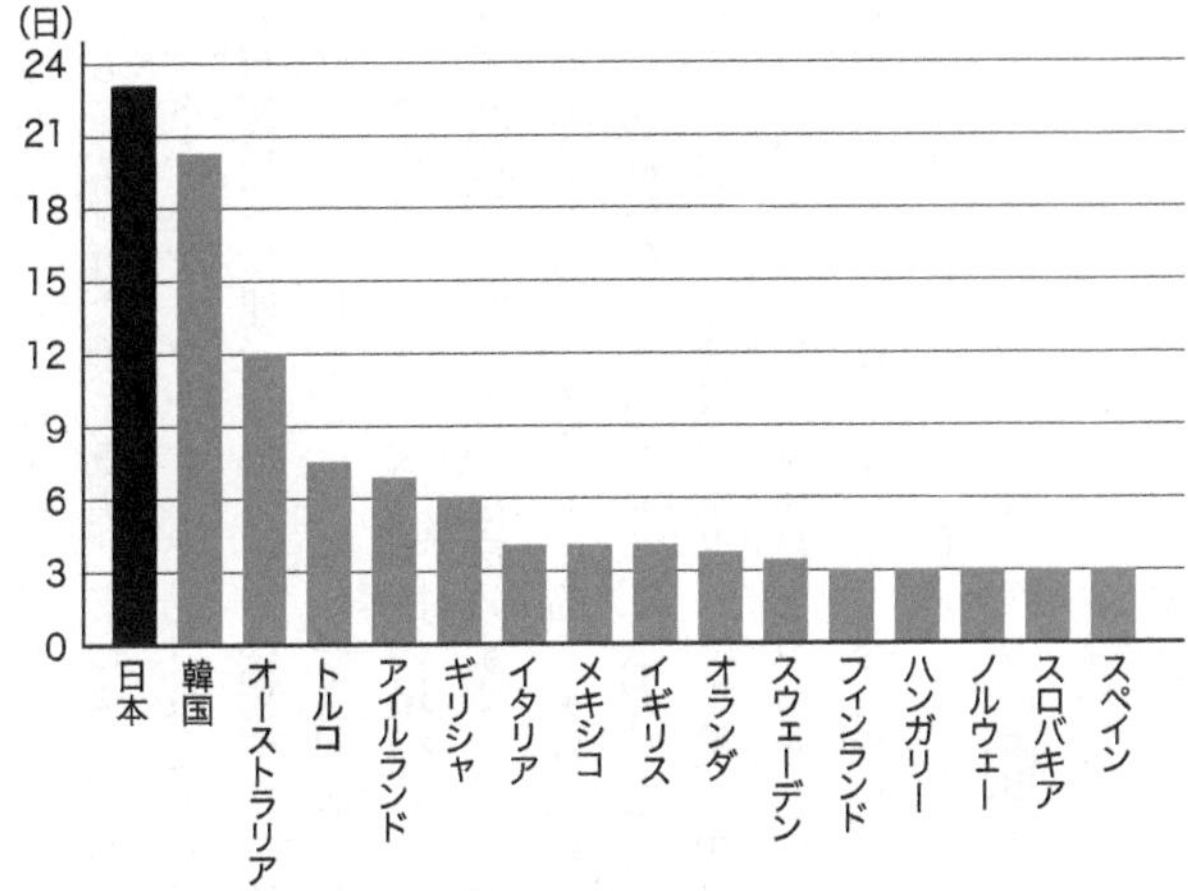

図1－1　訴追前に拘禁できる日数（Silvia Croydon, THE POLITICS Univ. Press, 2016), pp3-4 より作成）

日です。(4)

身柄拘束の単位は「事件」

被疑者の身柄拘束は事件ごとに判断され、執行されます。ここで「事件」という言葉に注意してください。事件とは犯罪の最小単位のことで、これは世間一般で考えられているよりも細かいものです。たとえば「地下鉄サリン事件」というのは、世間では一つの事件と理解されていますが、被疑者の逮捕勾留という観点からすると、事件数は被害者の数だけあります。そして、その数は捜査機関の意向次第で、数十・数百にもなるし数千にもなり得ます。その個数だけ被疑者を逮捕して勾留することができてしまうのです。

すなわち、被疑者は事件数×23日間だけ、身柄を拘束されることになります。

もっと身近な例で説明しましょう。あなたが夜の六本木《ろっぽんぎ》で警察から職務質問を受けて、ポケットからマリファナが発見されたとします。その場で大麻所持の現行犯として逮捕されて麻布《あざぶ》警察署に連行され、その後警察から尿の提出を求められ、提出した尿からコカインの代謝物が検出されました。この場合、あなたの身柄拘束期間は23日間ではなく、その倍の46日間になるでしょう。大麻所持の現行犯で逮捕された23日後に、検察官はあなたを大麻所持の罪で起訴するかどうかを決めます。あなたの運が良く、検察官が証拠不十分だと考えてあなたを起訴しなかったとしても、あなたは、今度はコカインの使用ということで再逮捕されます。留置場の担当者から「釈放だ」と言われて、所持品をもって警察の玄関まで行ったところで、新しい逮捕状を示されて手錠をかけられ、また留置場に逆戻りということです。そして、その23日後に大麻所持とコカイン使用の二つの「事件」で同時に起訴される――最初の釈放は「処分保留」（正式処分ではない）による釈放で、再逮捕後に2件まとめて起訴する――ということもあるのです。

すでに身柄を拘束され警察の留置場にいる人は、逃げることもできないし、証拠を破壊したり隠したりすることもできないでしょう。だから、重ねて逮捕したり勾留したりする理由はないはずです。しかし、裁判官はそのようには考えないのです。すでに大麻所持で逮捕勾留されている人に対して、コカインの使用による逮捕状や勾留状の発付を求められた裁判官は、大麻所持による身柄拘束があることを無視して、その人は「自由に生活している人」であると考えます。その前提で、「逃亡すると疑うに足りる相当な理由」や「罪証を隠滅すると疑うに足りる相当な理由」があるかを判断する——そしてほとんどのケースでそれらを肯定する——のです。考えてみれば、おかしなことではないでしょうか。

被疑者を疲弊させ、弁護人を無力化する接見禁止

これまで身柄拘束の量＝長さについて述べてきました。ここからは、その「質」について述べたいと思います。

まず、留置場はホテルではありませんから、外出はできません。１日の面会は、弁護人を除き、１組３人以内で時間は15分程度に限られます。留置場の食事は非常に粗末なものです。コンビニで売っている一番安い弁当をさらに粗末にしたようなものです。温かい食事は出ません。衣類にも制限があります。ベルト、紐《ひも》がついたものを身につけることはできません。女性はブラジャーを着けることも禁じられています。白色や薄手のＴシャツを着ることも許されません。警視庁管内のある警察署では、ヒートテックの下着を差し入れることを禁じています。担当者に何度尋ねてもなぜヒートテックがダメなのか、きちんとした説明をされた

ことがありません。また、ベッドなどというものはありません。夜9時には「消灯」となり、硬い床に布団のようなものを敷いて薄い毛布をかけて横にならなければなりません。このような環境なので、留置場で体調を崩す被疑者は稀《まれ》ではありません。私が見てきた限りでの推測ですが、約半数の被疑者は睡眠障害を発症して、睡眠導入剤を処方されています。

このほかに、世界に例を見ないわが国独特の制度として「接見禁止」というものがあります。これは、被疑者の身柄を拘束しただけでは逃亡や証拠隠滅を防ぎきれないと考えられるときに、裁判官の決定で、被疑者と第三者（弁護人と大使館関係者を除く）との面会や手紙のやり取りなどの一切のコミュニケーションを禁じる、という制度です。接見禁止決定を受けると、被疑者は家族や友人、会社の同僚と会うことができず、手紙を送ることも受け取ることもできなくなります。つまり、弁護人以外に外部とのコミュニケーションをとることが全くできなくなります。こうした制限は海外では考えられません。

「身柄を拘束しただけでは逃亡や証拠隠滅を防ぎきれない」などというと、テロリストやサイコパスみたいな人を想像するかもしれませんが、それは違います。それまで犯罪と全く無縁の人生を送ってきたサラリーマンや会社経営者、公務員などでも、検察官が請求すれば裁判官はほぼ間違いなくその請求を認めて接見禁止決定を出します。データを見ると、勾留されている被疑者のうち4割が接見禁止決定を受けています(5)。また、検察官の請求を却下する

のは全体の1割にすぎません。(6)

それまで社会人としてフル活動していた人が、誰ともコミュニケーションできなくなるというのは、大変なことです。事業を営んで来た人は、取引先や金融機関との交渉もできなくなります。公務員や会社員は仕事の指示や引き継ぎができなくなります。こうしたコミュニケーションは弁護人が代わって行うことになります。弁護士は本来、被疑者（依頼人）や関係者から事件に関する事情を聞いたり証拠を集めたりして、依頼人の不起訴や無罪判決を獲得するための活動をするために存在するはずです。しかし、ひとたび接見禁止決定を受けると、弁護士はこの本来の仕事に専念できなくなります。被疑者とその取引先や家族、友人、知人らのメッセンジャーとして伝言を伝え、近況報告を行い、励ましの言葉をかけるなどという雑務に忙殺されることになります。

容易に想像できることですが、接見禁止決定を受けて外部との交流を絶たれた人は、精神的に疲弊し、孤立を深め、絶望的な気持ちになります。それまで1度も自殺を考えたことがないような人が、抑うつ状態に陥り「死にたいです」などと口走るようになったりします。弁護人が忙しく、本人の希望通りに接見して外部の様子を伝えたり、事務処理を十分にできなかったりすると、弁護人に対する不満を抱くことになります。

すべてが検察官の要求どおりに進み、弁護人の不服申立てはすべて失敗に終わる——こうした状況は、被疑者から供述を引き出そうとする捜査官にとって非常に有利に作用します。「このまま弁護士のアドバイスどおりに黙秘していていいんだろうか」。そうした疑念が被疑者の頭をよぎります。「あんたの弁護士は高い金をとって精力的に活動しているようだが、全然うまく行ってないね。このままあの弁護士の言うとおりにしていて大丈夫なのかい」などと、「老婆心」を口にする捜査官もいます。「このままだとずっと奥さんやお孫さんに会えなくなるかもしれない」と「心配」する捜査官もいます。その結果、それまでの態度を一変させて捜査官の意図する供述をしてしまう、ということが起こります。捜査官からの誘導や誘惑に乗って、嘘の自白をしてしまうのです。また、虚偽の自白でないとしても、捜査官の方に過剰に信頼を寄せてしまっているので、彼らがまとめた供述調書の細部までチェックすることなく、署名してしまうこともよくあります。自分の言い分が正しく記載されていると信じてサインしてしまい、後悔するというケースは決して稀ではありません。

要するに、接見禁止というわが国独特の制度は、被疑者から防御の意欲を削《そ》ぎ、弁護人を無力化するのです。

身柄拘束と連動する取調べ

もう一つ、わが国独特の仕組みがあります。それは起訴前の——1件につき23日間の——

身柄拘束期間が、捜査官の取調べと連動しているということです。英米では、逮捕された被疑者は24時間ないし48時間以内に裁判官の前に連れてこられます。多くの被疑者はそこで保釈されますが、「逃亡の危険性が高い」とか、「地域の人々に危害を及ぼす危険性が高い」として、裁判まで拘禁を継続される被疑者ももちろんいます。また、裁判官の設定した保釈金が高すぎて収めることができずにやむなく留置場にとどまる人もいます。しかし、こうして勾留を継続されている被疑者は、捜査官の取調べの対象にはなりません。彼らも、保釈された被疑者と同じように、弁護人の援助を受けながら、来るべき公判の準備をすることができるのです。逮捕された被疑者は、裁判官の前に連れてこられた後は、捜査官の支配から完全に脱することになるのです。

わが国の未決拘禁制度（裁判確定前の身柄拘束——起訴前の勾留はその一部——の総称）も、被疑者による逃亡や証拠隠滅を防止することがその目的ですから、被疑者を留置場にとどめておけばその目的を達するはずです。逮捕も勾留も捜査官の取調べを目的としていないという点では、日本もアメリカも同じです。ところが、日本では、逮捕・勾留された被疑者は、必ず——一人の例外もなく——23日間にわたって捜査官の尋問を受けることになるのです。つまり、起訴前の勾留は、あたかも捜査機関が被疑者を取調べるための制度であるかのように運用されているのです。

捜査官の尋問は1回や2回では済みません。あなたは繰り返し腰縄手錠をつけられて、留置場から警察官や検察官の取調室に連行され、そこで尋問を受けることになります。事件の性質や規模、そして、あなたの態度（「供述態度」）によって、取調べの頻度や長さは異なるでしょう。コンビニで万引したところを現行犯逮捕されたというような、単純な事件で被疑者も罪を認めている事件では、被疑者の取調べは短時間で済みます。しかし、客観的な証拠が乏しく、関係者の供述以外に被疑者の犯罪を立証できる証拠がないような事件では、捜査官は繰り返し長時間にわたって被疑者を尋問し、その供述を得ようとします。週末も祝日も休みなく、連日連夜夕食の後までも取調べが行われるということも決して稀なことではありません。

捜査官は被疑者に罪を認める供述（自白）をさせようとします。なぜなら、自白はもっとも強力な証拠（「証拠の王」）だからです。自白が得られない場合には、被疑者の弁解（否認供述）をできるだけ詳細に記録した供述調書を作成して、それに署名させようとします。不合理な弁解や供述の不合理な変遷は、自白の次に強力な証拠です。そして、この被疑者の供述を証拠として使うためには、被疑者自身の署名が必要です。ここでこの調書に署名してしまうと、あとで弁解の内容を変更することは難しくなります。この時点で、捜査官は否認調書と矛盾する証拠を集めればよい、ということになります。また、その後の公判で被疑者が自ら署名した供述調書と異なる弁解をしたら、そのことを攻撃すればよいのです。つまり、被疑者が詳しい弁解をすればするほど、捜査官のターゲットは絞られていき、有罪の立証は容易になるのです。

日本では実態として「黙秘権」が認められていない

こう考えると、無罪を主張する被疑者――「私はやってない」と主張する人――にとってもっとも合理的な供述態度は、一切供述しないこと、沈黙することです。「犯行時間帯に別の場所にいた」（アリバイ）とか、「相手が殴りかかってきたので殴り返した」（正当防衛）とか、「土産物のパッケージの中に、覚せい剤が入っていることなど知らなかった」（故意の否認）というような弁解は、捜査官にはしゃべらない、少なくとも詳しい説明は弁護人に対してだけ語るということです。そして、ある程度の供述をしたとしても、捜査官の作った供述調書には決して署名しないということです。

これは決して不誠実な態度というものではなく、日本国憲法に黙秘権（「何人も、自己に不利益な供述を強要されない」（38条1項））として定められている権利です。また、刑事訴訟法も供述を拒否する権利（１９８条2項）や捜査官が作った供述調書への署名を拒否する権利（同条5項但書）を保障しています。このように、黙秘権というのは、近代民主主義国家のすべてが保障している、いわば人類共通の基本的権利です。[7] これらの権利を行使すれば良いはずです。

ところが、わが国の取調べの現実は、この基本的人権の行使を非常に困難なものにしています。刑事訴訟法１９８条2項では明確に、警察官は被疑者に対して取調べのはじめに「自己の意思に反して供述をする必要がない旨」を告げることを定めています。これは、捜査官も被疑者の黙秘権の行使を尊重しなければならないということです。しかし、「それでは何も話さないことにします」と言って被疑者が黙秘権行使の意思を表明しても、捜査官がそこで取調べをやめることは決してありません。「話をしてくれないと、あなたの弁解がわからないから話してください」「黙秘を続けていると、共犯者の話だけで判断せざるを得ないから、あなただけが悪者になりますけど、それでもいいですか」「やってないならやってないと説明できるはずだ」などと言って、供述をするように「説得」してきます。あなたが黙っていても、捜査官は尋問をやめません。あなたが有罪だと確信している彼らは、「話をすることが反省の第一歩だ」「被害者の気持ちがわかっているのか」などと説教したりします。こうして、何時間も供述をさせるための「説得」が続きます。

取調室というのは4畳半もないくらいの非常に狭い空間です。窓もありません。折りたたみ式の粗末な椅子に座らせられ、スチール製の机を挟んで警察官と1対1で対面します。検事の取調室は、彼らの執務室（個室）を兼ねていることが多いので、警察の取調室よりは広く、窓もあります。また、検事だけではなく、検察事務官が立ち会います。そのせいもあって、検事の言葉遣いは警察官よりも丁寧なのが一般的です（例外もありますが）。

２０１６年の刑事訴訟法の改正で、裁判員対象事件や検察独自捜査事件では取調べの録音録画が義務付けられています。さらに、検察庁では試行的に対象事件以外でも取調べの録音録画が行われることがあります。そのため、強引に自白を迫られているという訴えは確かに減りました。しかし、ビデオカメラがあっても被疑者を怒鳴りつけたり、長時間にわたって供述を迫っている検事や警察官もいまだにいます(8)。さらに、裁判員対象事件以外の事件——全事件の98％——の警察署での取調べは、録音も録画もされていません。

このような取調べへの弁護人の立ち会いは認められていません。弁護人を通じて「取調べを拒否する」とか「供述をするつもりはない」とか「供述調書は弁護人が確認しない限り署名しない」という意思を表明しても、検事も警察官もそれを無視して、留置場から取調室へ被疑者を連行します。彼らがいいと言うまで、被疑者は取調室にとどまって彼らの尋問を受け続けなければなりません。5時間でも6時間でも、時には深夜まで狭い取調室のなかで彼らの質問に答えることを迫られるのです。

黙秘権を形骸化させている考え方「取調べ受忍義務」

憲法で黙秘権が保障されているこの国で、なぜこんなことが行われるのでしょうか。その背景にあるのは、「取調べ受忍義務」という考え方です。1948年に公布された刑事訴訟法では、捜査官からの取調べの要請に対して、被疑者は「出頭を拒み、又は出頭後、何時でも退去することができる」と定められています（198条1項但書）。これは、日本国憲法の制定と並行して、日本を占領していたアメリカ軍の法律家の関与のもとで改正作業が進められたものでした。立法者は被疑者の黙秘権の保障を実効的に保障するために、捜査官の取調べ（尋問を受けること）自体を拒否する権利を被疑者に保障しなければならないと考えたのです。

しかし、刑事訴訟法の条文は、この保障について「逮捕又は勾留されている場合を除いては」という「例外」を挿入してしまいました。これを根拠にして、日本の捜査官は、身柄を拘束されていない（「在宅」の）被疑者には取調べ拒否権が保障されているけれども、(9) 身柄拘束されている被疑者には取調べを拒否する権利はない、したがって、被疑者は捜査官がいいと言うまで取調室にとどまって捜査官の尋問を受け続けなければならない、という実務を確立したのです。この「取調べ受忍義務」という解釈が誤りであることは後の章で詳しく述べますが、この実務は戦後70年以上少しも揺らぐことなく、わが国の捜査実務と裁判実務を支配し続けてきました。

こうして、わが国では、身柄拘束と取調べは密接に連動することになりました。逮捕され勾留された被疑者は、その意思に関わりなく、23日間にわたり警察官や検察官から供述を求められ続けるのです。弁護人の援助なしに一人で捜査官の尋問を受け続けなければならない——その結果は容易に想像できると思います。ほとんどの被疑者は罪を自白します。自白しないまでも、一部罪を認めたような調書に署名します。否認や黙秘あるいは調書への署名拒否を貫くことができる被疑者は圧倒的に少数です。

弁護士すら「争っても無駄」と言う背景

日本では被疑者を起訴するか・しないかを決める権限（公訴権）は、検察官に独占されています。選挙人名簿からくじで選ばれた市民11人で構成される検察審査会というものがありますが、彼らが審査できるのは検察官が不起訴にしたことの当否に限られており、起訴したことそのものの当否を審査することはできません。また、審査会が直接公訴を提起することもできません。検察官の不起訴処分に対して「起訴相当」「不起訴不当」「不起訴相当」という議決ができるだけです。

検察官は「有罪判決を得られる十分な証拠がある」と考えられない場合には起訴しないで

しょうが、逆に、有罪判決を得られる確かな証拠があったら必ず起訴するとは限りません。被疑者が罪を犯しているのは間違いないと考えるときでも、「犯人の性格、年齢及び境遇、犯罪の軽重及び情状並びに犯罪後の情況により訴追を必要としないときは、公訴を提起しないことができる」とされています（刑事訴訟法248条）。要するに、被疑者を起訴するかしないか――すなわち、身柄拘束を続けるか、釈放するか――について、検察官には非常に広い自由裁量が認められているのです。

この訴追裁量権の濫用について、争われた事件（「チッソ川本事件」）があります。この事件の上告審で最高裁判所は、「検察官の裁量権の逸脱が公訴の提起を無効ならしめる場合のありうることを否定することはできないが、それはたとえば公訴の提起自体が職務犯罪を構成するような極限的な場合に限られるものというべきである」と言いました。[10]「公訴の提起自体が職務犯罪を構成する」というのは、一体どんな場合なのかなかなか想像できませんが、具体的な基準をあげると「共犯者の間で不平等な取り扱いをした」とか、「捜査の過程で違法があった」というだけでは起訴を無効とすることはできないと言われています。要するに、起訴するかしないかについて検察官は強大な権限――ほぼ完全なフリーハンド――を持っており、起訴するという決定を後から争うのは、不可能だということです。

ここまでの話を踏まえると、身柄を拘束されて取調べを受けている被疑者の側から見れば、担当検察官は自分の人生を決定づける、文字通り生殺与奪の権をもつ人と映るでしょう。黙秘したり否認したりして彼らの機嫌を損ねると、不利に取り扱われる——起訴され、重い刑を求刑される——と考えるのも無理ありません。弁護人の中でさえも「否認とか黙秘とか、無駄な抵抗はしないで、認めたほうがいい」というアドバイスをする人が少なからずいます。このアドバイスは一見穏当で現代の実務を前にすると合理的に思えます。

しかし、実際には必ずしもそうではありません。「自分はやっていない」と言っている依頼人に向かって「争っても無駄だから」とか「争えば起訴される」とか「保釈が認められずにずっと拘束される」とか言って、自白を勧める弁護活動は安直であり、反倫理的です。これこそが冤罪《えんざい》の最大の原因ではないかと私は疑っています。それだけではなく、しばしば、思わぬ不利益を依頼人にもたらす無責任な弁護活動でもあります。私の事務所にも、「認めても執行猶予だと言われたが、実刑判決になってしまった」「争ったら保釈が認められないと言われたので認めたが、本当は自分は無罪なんだ」と言って、上訴審の弁護の依頼をしてくる被告人が後を絶ちません。

「起訴猶予」「嫌疑不十分」というブラックボックス

私の弁護戦略としては、依頼人が「やってない」「無実だ」という以上、躊躇《ちゅうちょ》することなく徹底的に闘うようにしています。黙秘を助言し、調書への署名拒否をアドバイスし、依頼人の自由を回復するためにあらゆる手段を講じる、というものです。こうした弁護活動はマイナスに作用するようにも見えるかもしれませんが、むしろ不起訴処分を獲得することは珍しくありません。私の実感では、検事の機嫌を損ねて、本来起訴猶予になるはずの人が起訴されたということはありません。もちろん、否認のまま起訴されることはあります。そうしたケースは、被告人が自白していても起訴されたものだと思います。後の章で述べるように、否認のまま起訴されると保釈が認められにくいというわが国の恥ずべき現状があります。しかし、こうした現状に戦いを挑み、依頼人の自由のために最善の努力をすること、無罪推定の権利を実質的に保障して公正な刑事裁判を実現するために全力を尽くすことこそが、刑事弁護人の大切な仕事だと私は信じています。

身柄拘束されている被疑者のうち、起訴されるのは半分ぐらいです。勾留されている約9万人のうち、そのまま訴追されるのは約5万人に過ぎません。[(11)] 約4万人は訴追されずに勾留期間満期に釈放されます。検察の統計によると、釈放され不起訴になった人のうち、4分の3は「起訴猶予」、すなわち前出の訴追裁量権に基づいて、犯罪は認められるが犯情や本人の反省の態度などを汲《く》んで起訴しないという処分をしたものであり、4分の1が「嫌疑不十分」すなわち起訴しても有罪判決を得られる確信がないものということになっています。

　しかし、この統計は全く当てになりません。統計上「起訴猶予」にカウントされている事件には本来「嫌疑不十分」にカウントされるべき事件――起訴されたら無罪になる可能性がかなりある事件――も少なからず含まれていると思います。[12]私の経験上も、無罪を主張して黙秘や署名拒否を貫いた結果、不起訴処分を得たケースでも、検察庁の不起訴処分告知書の「不起訴処分の理由」欄に「起訴猶予」と書いてある例はたくさんあります。客観的なデータはありませんが、私の感覚では、「起訴猶予」のうち30％ぐらいは、検察官が有罪判決を得られる確信がないために起訴しなかった、つまり本当は嫌疑不十分による不起訴なのではないかと思います。

取り決めと真逆の運用がされている日本の保釈

　すでに述べたように、英米では逮捕されてから24時間から48時間以内に保釈が認められて釈放されるのが原則です。その後、捜査機関の取調べを受けるということもありません。在宅でそれまでの生活を続けながら、来るべき公判の準備をするのです。これに対して、日本で逮捕された被疑者は、23日間身柄拘束され、その間捜査官の尋問を繰り返し受けることになります。そして、起訴されれば、そのまま身柄拘束が続きます。

　ここで初めて「保釈」という制度の対象になります。保釈は勾留状態で起訴された被告人が、裁判官が定める保証金（保釈金）を納めるのと引き換えに釈放されるという仕組みです。裁判官は保証金の額の他に、被告人の住居を制限するなどの条件（保釈条件）を定めることができます（刑事訴訟法93条）。保釈を認められた被告人が逃亡して公判に出頭しなかったり、保釈条件に違反したりすると保釈は取消されて身柄は再び拘束され、かつ、保釈金は没収されます（刑事訴訟法96条1項、2項）。

法律の建前では保釈は権利とされています。つまり、保釈の請求を受けた裁判官は原則「これを許さなければならない」というのが、法律の建前なのです（刑事訴訟法89条）。それは、刑事訴追を受けた被告人は裁判所によって有罪を宣告されるまでは無罪の者として取り扱われなければならないという「無罪推定の権利」を保障されるというのが、今日の国際的な水準だからです。(13) その基準に則《のっと》れば、罪を自白している被告人は、無罪推定の権利を放棄しているのですから、保釈を認める必要はありません。逆に、無罪を主張している（否認している）被告人には、保釈を認めなければならないはずです。実際、英米では有罪を自認した被告人には保釈は認められません。裁判官の前で「無罪」（"Not guilty"）と答弁した人だけが保釈されます。

ところが、現在の日本では、全く逆の運用になっています。罪を自白した被告人は容易に保釈が認められ、否認している被告人はなかなか保釈が認められず、身柄拘束がいつまでも続くのです。

保釈は「権利」であり「原則」だと言いましたが、法律はいくつかの「例外」を定めています。もっとも頻繁に利用されるのが、「被告人が罪証を隠滅すると疑うに足りる相当な理由があるとき」（刑事訴訟法89条4号）という例外です。これは、先に説明した勾留の理由の一つと同じです。繰り返しですが、事実を否認している被疑者は「罪証を隠滅すると疑うに足りる相当な理由」があると判断されて勾留されるのです。保釈の場面でも、裁判官は全く同じ発想をします。否認している被告人はほぼ例外なく、「事件関係者や共犯者（と疑われている人）と口裏を合わせる可能性がある」と言われ、罪証を隠滅する相当な理由があると判断されて、権利としての保釈を否定されます。

否認している被告人に保釈が認められるのは、いわゆる「裁量保釈」だけです。裁量保釈というのは、権利としての保釈は認められないけれども、「罪証を隠滅するおそれの程度」が低く、「身体の拘束の継続により被告人が受ける健康上、経済上、社会生活上又は防御の準備上の不利益の程度その他の事情を考慮し、適当と認めるとき」に、裁判官が職権で保釈を許すことができるという規定（刑事訴訟法90条）に基づいて保釈が認められることです。要するに、無罪を主張する被告人にとって保釈は権利ではなく、特別の事情があるときに限って例外として保釈が認められるというのが現在の日本の実務です。

最高裁判所事務総局が毎年公表している統計（司法統計年報）によると、全国の地方裁判所や簡易裁判所に起訴（公判請求）される人は、毎年5万5000人くらいいます。このうち身柄拘束された状態で起訴される人は約4万人です。そして、この4万人のうち、保釈が認められて釈放される人は1万2000人（30％）ということです[14]。しかし、この統計はわれわれが一番知りたいことを教えてくれません。それは、「自分はやってない」と言って無罪を主張する被告人はどれくらいの割合で保釈が認められるのか、ということ。そして、保釈されるまでどれくらいの期間勾留されるのか、ということです。

統計によると起訴された約5万5000人のうち5万人は有罪を認めており、否認している被告人は5000人です[15]。しかし、この5000人のうち、何人が身柄拘束されているのかに関する統計は見当たりません。また、否認している被告人のうちどれくらいの割合が保釈を認められているのかということもわかりません。「保釈率30％」というのは、罪を自白している人も合わせた数字です。さらに、司法統計はどのタイミングで保釈が認められたのかを明らかにしていません。起訴から判決言い渡しまでのどこかで保釈が認められた人が30％いるというだけです。起訴の当日に保釈されたのか、起訴から1年たって保釈されたのか、同じ保釈と言っても被告人本人やその家族にとってこの差は天地ほどもあるでしょう。しかし、この国の裁判所はそうした情報をわれわれに与えてくれません。

最高裁の内部資料が示す驚きの実態

最高裁事務総局が「会内限り」という限定付きで日弁連に秘密裏に提供した統計資料(16)があります。これによると、２０１８年に終結した通常第1審（全国の地方裁判所と簡易裁判所に検察官が起訴（公判請求）した事件）において、勾留人員（3万６９５７人）に対する保釈人員（1万１３７２人）の割合は30・8％です。自白している被告人（3万２２５８人）の保釈率は31・6％（1万２００人）であるのに対して、否認している被告人の保釈率は28・5％（３９５２人中１１２８人）です。約3％の違いですから、大した差ではないと思うかもしれません。

しかし、保釈が認められたタイミングを見るとその差は歴然としています。自白した被告人の場合26・1％（８４０６人）が第1回公判期日の前までに保釈されるのに対して、否認した被告人の場合、公判前に保釈されるのは11・9％（４７１人）にすぎません。つまり、「私は罪を犯していない」と言って無実を主張している被告人の10人に1人しか、公判開始前に釈放されないということです。

さて、「公判開始前」とはいつでしょうか。言い換えると、起訴されてからどのくらい経ったら釈放されるのでしょうか。公表されている統計も「会内限り」資料も、この点については何も語りません。一般的に自白事件の第1回公判は起訴後1〜2ケ月の間に開かれ、1時間で終わります。そして、その2週間後くらいに判決が言い渡されます。これに対して、否認事件では第1回公判の開始が遅くなります。否認事件の被告人側の公判準備でもっとも重要なのは、証拠開示（ディスカバリー）です。検察側は、捜査機関が集めた証拠の中から、被告人の有罪を立証するのに必要な証拠しか取調べ請求しません。弁護側はそれ以外の証拠を見せるように検察官に要求しますが、検察官は原則として自ら取調べを請求しない証拠を弁護人に見せる義務を負いません。しかし、事件が「公判前整理手続」（公判を開く前に当事者双方に主張と証拠のリストを提出させて、争点を整理しておいて、公判を迅速に進めようという手続）に乗せられた場合には、弁護側は検察官手持ち証拠の中から一定の類型に当てはまるものを事前に入手できるのです。ですから、「私はやってない」と無実の訴えをする依頼人にとって、まともな弁護活動をしようと思えば、弁護人は公判前整理手続を求めて、できる限り多くの証拠を獲得しようとするのです。

しかし、公判前整理手続で行われるのは証拠開示の手続だけではありません。双方が公判廷で行う予定の主張を書いた書面を出したり、公判で取調べる予定の証拠の取調べを請求したりします。この公判前整理手続が終結してしまうと原則として新しい証拠の取調べ請求ができなくなるので、いきおい、双方とも証拠請求に漏れがないか慎重を期することになります。こうして否認事件の公判前整理手続は非常に長くかかります。1年以上かかることは珍しくありません。要するに何が言いたいかというと、否認事件では「第1回公判期日の前」というのは、起訴から1年以上経ったあとのことかもしれないということです。

保釈のために放棄される被告人の権利

問題は時間だけではありません。罪を争う被告人には憲法上も法律上も様々な手続上の権利が保障されています。それは世界人権宣言や国際人権規約が保障する文明国としての最低基準でもあるのです。しかし、わが国の保釈制度は、実際には、こうした基本的な権利を無効化する仕組みとして運用されているのです。どういうことか説明しましょう。

たとえば、刑事被告人には検察側の証人を公開の法廷で尋問する（これを「反対尋問」といいます）権利が保障されています（憲法37条2項）。しかし、裁判官は、被告人が検察側証人を威迫したり口裏を合わせたりして「罪証を隠滅すると疑うに足りる相当な理由がある」と言って、検察側証人の尋問が終わるまで保釈を認めないことが多いのです。そこで、被告側は、保釈を獲得するために、検察側証人に対する反対尋問の権利を放棄して、捜査官がまとめた証人の供述調書の取調べに同意するのです。こうすることで、証人尋問は行われないので、「口裏合わせ」とか「証人威迫」の心配はなくなりますから、保釈を認めてもらいやすくなるというわけです。

もう一つ「保釈のための権利放棄」の例をあげましょう。検察官が起訴した犯罪のすべての要素について「合理的な疑問を入れない程度に」立証を尽くさない限り、有罪とされない、被告人には無罪を証明する必要はないというのが刑事裁判の鉄則です。しかし、この権利を放棄して、なぜ無罪なのかを詳細に説明したり、検察官の主張する状況証拠に対する「認否」（争うのか、争わないのかの態度）を明示する書面を提出しなければ、裁判官は保釈を認めないのです。この書面によって事件の争点と証拠を絞り込むこと——言い換えると検察官の負担を軽減すること——をしないと、必ず、検察官は「被告人は検察官請求証拠に対する意見を明らかにせず、争点を明らかにしないから、罪証隠滅の高度の危険性がある」などと言って保釈に反対します。そして、裁判官は検察官の反対意見を入れて、保釈を却下するのです。

弁護人が証拠開示を受けて、その内容を検討し、こうした書面（「証拠意見書」や「予定主張記載書」などと呼ばれるものです）を提出できるのは、公判前整理手続がかなり進んでその終結が見えてきた頃にならざるを得ません。どうしても、起訴から半年とか1年近く経過した後になってしまうのです。これが「第1回公判期日の前」の実質的な意味です。要するに、否認事件の場合、起訴の直後に保釈が認められるケースはほとんどないのです。

しかし、思い出してください。否認事件で保釈が認められるのは28・5%に過ぎないということを。10人のうち7人以上は、裁判が終わるまでずっと勾留されたままなのです。弁護人が様々な書面を出して、被告人による証拠隠滅の可能性がないことを説明しても、また、長期勾留による健康上の問題や生活上の問題を縷縷《るる》述べても、7割の被告人は警察の留置場や拘置所に拘禁されたまま刑事裁判を受けるのです。

300日の拘禁で失われたもの――ケース①

参考までに私が過去に弁護人として関わったケースをいくつか紹介します。

山田和也さん（仮名）は、都内のマンションを事務所にして、芸能プロダクションを運営する42歳の男性でした。2010年11月1日夜、自宅近くの繁華街で酒に酔った57歳の男性に「ぶっ殺してやる」などと因縁をつけられたあげく、殴る蹴《け》るの暴行を執拗《しつよう》に受けました。たまらずに山田さんが1発繰り出したパンチが相手に命中し、男性はアスファルトの路上に転倒しました。その際、男性は後頭部を路上に激しく打ち付け、そのまま意識が戻らず、救急搬送先の病院で亡くなりました。死因は急性硬膜下血腫《けっしゅ》というものです。山田さんは傷害致死の容疑で逮捕・勾留され、11月22日に起訴されました。

勾留満期の直前に、当時私の事務所に勤務していた趙誠峰《ちょうせいほう》弁護士と私が彼の弁護人に就任しました。われわれが弁護人になる前に、すでにかなりの量の供述調書が作成されており、山田さんは捜査官に言われるままにそれに署名してしまっていました。われわれは正当防衛の主張とともに、山田さんの暴行と男性の死亡との間に因果関係がないとして無罪の主張をしました。われわれの調査で、男性が特発性血小板減少性紫斑《しはん》病という難病にかかっていたことが判明し、その病気のせいで脳の出血が発生した可能性が高いと主張したのです。

起訴の直後に保釈請求をしましたが、「罪証を隠滅すると疑うに足りる相当な理由がある」として簡単に却下されました。その後も、公判前整理手続の節目ごとに、保釈請求を繰り返しました。しかし、そのたびに検察官は、「およそ認められそうもない正当防衛の主張をしている」「釈放されれば目撃証人に面会を強要するなどして自己に有利な供述をするように働きかける」「目撃証人を作り上げる」などと言って保釈に反対しました。われわれは、山田さんには検察側の目撃証人に働きかけるメリットは何もない（そんなことをすれば「目撃証人」は捜査官にすぐに連絡して、山田さんの保釈は取消される）、山田さんの方から目撃証人を請求する予定などないと言って反論しましたが、裁判所は全く聞く耳を持ちませんでした。

公判前整理手続は難航しました。検察官が証拠の開示を徹底的に遅らせたからです。われわれは、現場のすぐ側に警視庁が管理する防犯カメラがあることを突き止め、その録画画像の証拠開示を求めました。ところが、検察官は「調査する」と言ったきり、１ヶ月経っても、

２ヶ月経っても回答しませんでした。４ヶ月後になって「警察の操作ミスでデータを消去してしまって、今はない」という信じがたい回答をよこしました。この問題をめぐって、われわれ弁護側と検察との間で論争が繰り返されましたが、結局、問題のデータをいつ・誰が消去したのかは明らかになりませんでした。また、検察官はたまたま現場を通りかかった男性二人の証人尋問を請求しましたが、もう一人の目撃者（女性）と交渉中であるとして、何度も期日は空転しました。結局、半年近く交渉したあげく、３人目の目撃者の証人尋問はしないということになりました。

公判前整理手続が終結したのは、起訴から10ヶ月ちかく経過した２０１１年9月5日です。その直前に行った5回目の保釈請求がようやく認められて、山田さんは３００日ぶりに社会に戻ることができました。それは、第1回公判期日の40日前でした。１週間にわたって行われた裁判員裁判の結果、山田さんは正当防衛が認められて無罪判決を獲得しました。「認められそうもない主張をしている」と言って保釈に反対していた検事からの控訴申立てもなく、無罪判決は確定します。しかし、拘禁されていた３００日間に山田さんが失ったものは計り知れません。芸能プロダクションは所属タレントが居なくなり、解散しました。雑誌の連載企画もなくなりました。そして、健康も損なわれました。

身勝手な取調べと認められない保釈──ケース②

ジャスダック上場会社の元社長、加藤博さん（仮名、55歳）は２０１６年3月に金融商品取引法違反で逮捕されました。「4億円あまりの架空資産（預託金債権などの金銭債権）を計上した決算報告書を提出した」という、有価証券報告書虚偽記載の罪です。彼は、逮捕の1年前から警視庁の取調べに応じてきました。事件当時使用していたパソコンや携帯電話などもすでに押収されており、彼は繰り返し警察署に出頭して、事情を説明し、大量の調書に署名していました。彼の言い分は、「自分は会社再建のために雇われた社長に過ぎない。会社の実効支配をめぐる争いに巻き込まれて、決算書類作成前の期間は代表権を奪われており、実質的に書類の作成に関与していない。少なくとも、自分が関与した預け金契約は虚偽のものではない」というものでした。

任意とはいえ、加藤さんは毎回長時間の取調べを受け、ストレスで狭心症になり、さらには抑うつ状態と診断されました。数十通の調書に署名して、もう捜査は終わったと思った頃、取調官から「携帯電話を返すので来てほしい」と連絡が来ました。携帯電話を受け取るだけだと思い、食事もせずに警察署に赴いたところ、いきなり取調室に連れて行かれて、尋問が始まりました。そして、取調官は、彼が述べてもいない、「事実と異なる契約をしました」という記載のある調書を示し署名を求めました。加藤さんがそれを拒否すると、「これに署名しないと始まりません」「もっと取調べを続けますよ」などと言ってきます。加藤さんは結局その調書に署名させられてしまいました。

この段階で、私と私の事務所の岩佐《いわさ》政憲《まさのり》弁護士が加藤さんの弁護人になりました。われわれは、警察署に対して、そのような取調べに抗議するとともに、われわれ弁護人の立会いと、取調べ全過程の録音または録画が行われない限り取調べには応じないことを通告しました。その後、何回か警察と交渉しましたが、警察はわれわれの要求に応じる気配はありませんでした。しかし、この通告後取調べは行われなくなりました。

ところがその10ヶ月後、加藤さんは突然逮捕されたのでした。われわれは東京地裁に対して、加藤さんには逃亡や罪証隠滅をする相当な理由などないから彼を勾留するべきではないという意見書を出しましたが、同地裁の裁判官はあっさりと勾留状を発行します。そして、検察官の請求に応じて接見禁止決定も出しました。加藤さんは、警察の留置場に入れられ、奥さんや娘さんと会うこともできなくなりました。それればかりか、当時ファイナンスの責任者として勤めていた会社の関係者や取引先との連絡も取れなくなりました。

逮捕の20日後に、加藤さんは起訴されます。起訴後も接見禁止が付きました。奥さんは岩佐弁護士の目の前で卒倒してしまい、不安神経症と診断されました。われわれは起訴と同時に保釈請求をしましたが、却下されます。準抗告も申し立てましたが、東京地裁は次のように述べてこれを棄却しました。

会社の内外に多数の関係者が存在する本件事案の性質及び内容、関係者の供述内容、被告人の供述状況、関係者と被告人の関係等に照らせば、被告人が、罪体や情状事実について、直接又は第三者を介して関係者らに働き掛けるなどして罪証を隠滅するおそれが認められ、刑事訴訟法89条4号に該当する事由があると認められる。

そして、上記罪証隠滅のおそれや本件逮捕に至る経緯に照らすと、弁護人の主張を踏まえても、裁量により被告人の保釈を許可するのが相当であるとは認められない。(17)

この事件の公判前整理手続は、約1年半かかりました。やはり検察官が証拠開示に抵抗したことと、開示された数万ページに達する帳簿や議事録、日誌類の検討に時間を要したことが原因です。その間、節目ごとに保釈請求をしましたが、検察官は「被告人の保釈を許可すれば、被告人は協力会社の代表者やかつての部下らに対し、被告人の主張に同調するよう口裏合わせを依頼し、虚偽の証拠を作出するなどして罪証を隠滅するおそれは極めて大きい」などとして保釈に反対し、裁判官もこれを受け入れて保釈を認めませんでした。

公判前整理手続が終盤にさしかかり、弁護人の証拠請求が終わった段階でなされた5回目の保釈請求がようやく認められました。逮捕から1年2ヶ月が経過していました。公判が始まったのはそのさらに半年後です。20人以上の証人尋問が行われました。加藤さんの主張は認められず、執行猶予付きの有罪判決となりました。

退去強制手続により離れ離れになった夫婦——ケース③

英会話教師の傍ら大学に通っていたデイビッド・メイソンさん（仮名、26歳）は、2018年11月末の夜、渋谷《しぶや》の繁華街を友人と歩いていたところを警察官に呼び止められました。彼は来日後、米軍基地で働く日本人女性と結婚しましたが、在留資格の更新が認められず、オーバーステイとなっていました。しかし、日本人の配偶者として特別在留許可の申請をして、程なくそれが認められるところでした。メイソンさんは、警察に求められるままにパスポートを提出して、自分は特別在留許可申請中であるから、オーバーステイではないと説明しました。警察官は突然彼の体に触れてきました。その手が彼の股間《こかん》付近に触れたとき、彼はたまらず「ノー」「ドント・タッチミー」と言って後ずさりました。警察官は彼のズボンの股間付近を摑《つか》んだまま手を離しませんでした。そして、警察官は二人がかりで彼をその場に押し倒しました。彼は「行かせてくれ」、「触らないでくれ」と繰り返し言いましたが、警察官は彼のズボンを手で摑んだままでした。警察官の数が増えて、7人の警察官が彼を取り囲み、腕を摑みました。

職務質問開始から2時間経過したとき、警察官はメイソンさんを入管法違反（不法残留）の現行犯で逮捕しました。この逮捕に伴う捜索差押であるとして、警察は彼の所持品をその場で差し押さえました。その中に大麻があったとして、今度は大麻所持の現行犯として逮捕しました。彼は手錠をかけられて警察署に連行されました。警察署で尿意をもよおした彼は「トイレに行かせてほしい」と言いました。すると警察官は「尿を提出するならトイレに行かせてやる」と言いました。彼は仕方なしに警察の採尿容器に尿を出して一旦は提出しましたが、最終的には提出を拒みました。しかし、警察は彼の意思を無視してその尿を科捜研の鑑定に送りました。

逮捕の22日後にメイソンさんは大麻所持で起訴されました。年が明けた2019年1月、彼の尿からコカインが検出されたとして、彼はコカインの使用で再度逮捕されました。また、彼が所持していた物からLSDとコカインも発見されたとして、それらの違法薬物の所持罪でも起訴されました。メイソンさんは、それらは自分のものではない、尿から検出された物質も自分が使用したものではないと言って争いました。

私と私の事務所の和田恵《わだめぐみ》弁護士が彼の弁護人に就任しました。われわれは、「警察による職務質問と所持品検査は、暴力を伴うもので『任意捜査』とはとうてい言えない、著しく違法な捜査であった。したがって、押収した物件や尿やこれらの鑑定結果は違法に押収されたものであって証拠能力はない」と主張しました。

われわれは2019年3月に保釈請求をしました。検察官は「未だに被告人の認否も不明である上、弁護人からの具体的な争点に関する主張も証拠意見も明らかにされていない状況である」「被告人が自己の刑責を免れるために、関係者等と口裏を合わせ、あるいは威迫するなどして罪証隠滅を図る恐れは極めて大きい」などと言って保釈に反対しました。裁判所もこの意見を入れて保釈を却下します。

この事件の公判前整理手続が終結したのは、最初の逮捕から1年2ヶ月経過した2020年1月下旬でした。その原因は、時期遅れの再逮捕と追起訴に加えて、やはり証拠開示の引き伸ばしでした。われわれは、警察が押収して鑑定に付したものはメイソンさんのものではないという主張をいち早く提出し、それにともなって、検察官が「押収品」だと主張している物件がどのように保管されていたのかを示す押収品保管簿などの資料を開示するように求めました。また、繁華街である現場には必ず防犯カメラがあるはずですから、その動画データを提出するように求めました。ところが、起訴から半年以上すぎても検察官はわれわれの証拠開示請求に対する回答すらしませんでした。検察官は「4月の異動期になり、引き継ぎに時間がかかっている」とか「科捜研に問い合わせ中である」などと弁解していました。

6月になっても回答がありませんでした。そこでわれわれは「勾留による拘禁が不当に長くなったとき」(刑事訴訟法91条)にあたるとして、勾留の取消請求をしました。しかし、東京地裁の裁判官は「本件はなお勾留を継続する理由及び必要があり、勾留による拘禁が不当に長くなったときにも当たらない」としてわれわれの請求を却下しました。

この事件の公判は、被告人の身柄が拘束されたまま行われました。2020年3月に10回の公判期日が行われ、警察官や科捜研の技官ら12名の証人尋問が行われました。同月16日、公判裁判官は、本件の職務質問・所持品検査そして採尿手続には重大な違法があったとして、検察側の主張を支えるほとんどすべての証拠を却下する決定をしました。そして、その2日後に無罪判決を言い渡します。メイソンさんは判決言い渡しの1時間後、東京地裁地下の仮監(東京拘置所の別室)から釈放されました。逮捕から474日ぶりのことでした。

検察官の控訴はなく、無罪判決は確定しました。しかし、彼はもはや大学に通うこともできなくなっていました。特別在留許可を受ける可能性もなくなりました。退去強制手続が執行され、彼は日本に奥さんを残したままアメリカに帰りました。

「鏡の国のアリス」のように逆流する時間

ここまでのケースを見て、いかがでしょうか。要するに、日本では罪を自白しないといつまでも拘禁される。容疑を否認すれば、数ヶ月どころか1年以上にわたって自由を奪われる。弁護人の援助も奪われて、捜査官の尋問を何週間も受け続けなければならない。いつ始まるかわからない裁判を留置場で待たなければならない。それまで築き上げてきた地位や名誉、そして財産を失う。家族関係も傷つく。健康も失われる。

この日本の状況は、「有罪判決を受けるまでは無罪の推定を受ける」という世界標準の人権を侵害していると私は考えます。日本で訴追された刑事被告人は、有罪判決を受ける前に、いやそれよりもずっと前、裁判が始まってすらいないのに、拘禁刑の執行を受けているのです。これはまるで、時間が逆転する「鏡の国のアリス」の世界そのものではないでしょうか。

「逆向きに生きるとそうなるのよ」、女王はやさしく言いました。「最初は頭がくらくらしますけどね。」

「逆向きに生きる！」とっても驚いてアリスは繰り返しました。「そんなの聞いたことないわ！」

「でも、記憶が双方向なのは素晴らしいことよ。」

「記憶は一方通行でしょ」、アリスは言いました。「これから起こることを記憶するなんて、ありえない。」

「過去のことしか思い出せないなんて、記憶として不満足なものですよ」と女王は言いました。

「女王様は、一体、どんなことを覚えているの？」アリスは思い切って訊《き》いてみました。

「そうね、来週起こることとか」女王はあっけらかんと答えました。「例えば今は」、女王は大きな絆創膏《ばんそうこう》を指に巻きながら言いました、「王様の伝令がいるんですけど、彼はいま刑務所にいて処罰を受けてます。それで、裁判は来週の水曜日にならないと始まらないの。そして、もちろん、犯罪は一番最後に起こるのよ。」

「伝令が罪を犯してなかったらどうなるの？」アリスは言いました。

「それはとっても結構なことです。そうでしょ？」女王は、指に巻いた絆創膏をリボンで止めながら言いました。

アリスは確かにそうかも知れないと思いました。「もちろん、それは良いことかも知れません」と言いました。「でも、処罰を受けるのは全然良くないですね。」

「それは全然違いますよ」と女王は言いました。「あなたは罰を受けたことがありますか？」

「過ちを犯したときだけです」とアリス。

「それであなたは良くなったんでしょ！」女王は勝ち誇ったように言いました。

「はい、でもそれは罰に値することをしたからです」、アリスは言いました。「全然違います。」

「でも、過ちを犯さなかったら、もっと良かったでしょ。ずっと良かった。すごく良かった！」女王の声は、だんだん高くなり、最後には金切り声になりました。(18)

(1)2019年の検察統計によると、警察で逮捕された人が11万1197人で、そのうち検察庁に送られずに釈放された人は8138人です。検察庁で逮捕された人が205人です。表19-00-39。

(2)2019年の検察統計では6606人。前注1の検察統計。

(3)もっとも、必ずしもそうではありません。身柄を解放したうえで、警察に出頭させて取調べるという方法もあります。そもそも、被疑者には黙秘権がありますから、取調べのために身柄を拘束すること自体が憲法違反だと言えますが、この問題はまた後で論じることにします。

(4)Silvia Croydon, The Politics of Police Detention in Japan: Consensus of Convenience (Oxford Univ. Press, 2016), pp3-4.

(5)日本弁護士連合会編著『弁護士白書2019年版』92頁。

(6)2019年における全国の接見禁止請求数は3万8886件、接見禁止決定数は3万4854件

（89・6％）です。最高裁判所事務総局編『司法統計年報（刑事編）令和元年版』第17表。

(7)アメリカ合衆国憲法第5修正（1791年）、市民的及び政治的権利に関する国際規約14条3項（g）（1966年）、EU指令2012/13/EU 3条1項（e）など。アメリカ連邦議会法律図書館が2016年に発表した調査によるとアメリカ以外の108の国や地域が黙秘権を保障しています。The Law Library of Congress, Global Legal Research Center, Miranda Warning Equivalents Abroad (May, 2016).

(8)カメラは取調官の背後から被疑者をアップで捉《とら》えているので、捜査官がどんな表情で尋問しているのかはわかりません。そのことも影響していると思います。

(9)在宅被疑者の取調べ拒否権もほとんど実態のないものであることは、後の章で説明します。ここでは「権利がない」とまでは捜査官も裁判官も言わないということを指摘しています。

(10)最1小決1980・12・17刑集34-7-672、676頁。

(11)2019年の検察統計によると公判請求が4万1607人、略式命令請求が7065人、家裁送致が3495人。検察統計年報2019年表44「既済事由別　既済となった事件の被疑者の勾留後の措置、勾留期間別及び勾留期間延長の許可、却下別人員　—自動車による過失致死傷等及び道路交通法等違反被疑事件を除く—」。

(12)検察庁内部ではこのような起訴猶予処分を「嫌不《けんぷ》的起訴猶予」と呼んでいるそうです。デイビッド・T・ジョンソン（大久保光也訳）『アメリカ人のみた日本の検察制度：日米の比較考察』（シュプリンガー・フェアラーク東京　2004）、72-73頁。

(13)世界人権宣言11条1項（「犯罪の訴追を受けた者は、すべて、自己の弁護に必要なすべての保障を与えられた公開の裁判において法律に従って有罪の立証があるまでは、無罪と推定される権利を有する」）、市民的及び政治的権利に関する国際規約14条2項（「刑事上の罪に問われているすべての者は、法律に基づいて有罪とされるまでは、無罪と推定される権利を有する」）。なお、同規約9条3項は「裁判に付される者を抑留することが原則であってはなら［ない］」と、保釈が権利であることを宣言しています。

(14)最高裁判所事務総局編『司法統計年報（刑事編）平成30年版』第32表。

(15)正確に言うと、総数5万4862人、自白4万8823人（89%）、否認4846人（8・8%）、その他1193人（2・2%）です。最高裁判所事務総局編・前注、第25表。

(16)「機密性2」と注意書きされた資料で昭和40年（1965年）から平成30年（2018年）までの勾留率や保釈率などに関する統計資料が綴《つづ》られている。

(17)東京地裁刑事第13部平成28年4月7日決定（未公刊）。

(18)Lewis Carroll, Alice's Adventures in Wonderland & Through the Looking Glass, and What Alice Found There (Macmillan, 2009), pp193-194.

第2章　カルロス・ゴーンの拘禁、保釈、そして逃亡

ゴーン氏の保釈は「緩やかに認められた」のか

フランスの自動車メーカー・ルノーから、日産自動車の最高執行責任者（ＣＯＯ）として派遣され、２兆円の有利子負債を抱えて倒産寸前だった日産自動車をわずか2年で黒字会社にＶ字回復させ、世界最大の自動車メーカー・アライアンスの会長として君臨したカリスマ経営者――カルロス・ゴーン氏。彼は、２０１８年11月に東京地検特捜部の検事によって逮捕され、その後4度にわたって逮捕・勾留《こうりゅう》・起訴を繰り返されました。そして、１３０日間にわたる身柄拘束ののち、最終的に２０１９年4月末に保釈されました。しかし、公判前整理手続が進行中の同年12月末に、わが国を密出国してレバノンのベイルートに国外逃亡して

しまいました。

私は、２０１９年２月中旬から彼の弁護人の一人でした。本章ではゴーン氏の身柄拘束と保釈をめぐる事実経過を少し詳しく紹介することにします。カルロス・ゴーン氏の保釈と逃亡をめぐる意見としては、「裁判所は緩やかに保釈を認めた」、一方で「保釈後の行動監視が不十分だった」というようなものが多くみられます。しかし、それは実態に反しています。まず、ゴーン氏の保釈は決して緩やかに認められたものではありませんでした。また、保釈条件や彼に対する行動監視は、決して不十分なものではありませんでした。むしろ、それは非人道的という表現が当てはまるほどに厳格すぎるものであり、そしてそれこそが彼の逃亡の引き金になったのではないか、と私は考えています。

1度目の逮捕～勾留～2度目の逮捕まで

最初に、私が弁護人に就任した２０１９年２月までの経過を事件記録に基づいて整理します。

２０１８年11月19日夕刻、ゴーン氏は社用のジェット機で羽田《はねだ》の東京国際空港に降り立ち、入国審査に向かうところで東京地検特捜部の検察官に呼び止められました。彼はそのまま車で連行されます。そして、霞《かすみ》が関《せき》にある検察庁の９階の一室で、その後５００時間以上にわたって彼を取調べることになる関善貴《せきよしたか》検事によって逮捕されました。逮捕は東京地裁の多田《ただ》裕一《ゆういち》裁判官が発行した逮捕状に基づくものです。逮捕の容疑は、「日産の執行役員グレッグ・ケリー氏及び秘書室長大沼敏明《おおぬまとしあき》氏らと共謀のうえ、2010年度から2014年度にかけての有価証券報告書に自らの役員報酬を過少に記載した」という金融商品取引法違反（有価証券報告書虚偽記載）です。

2日後、検察官の請求を受けた東京地裁裁判官は、ゴーン氏とケリー氏を11月30日まで拘禁することを認める勾留状を発行しました。勾留状を発行した村田千香子《むらたちかこ》裁判官は、10日間の勾留を認めた理由として、「被疑者には⑴罪証を隠滅すると疑うに足りる相当な理由及び⑵逃亡すると疑うに足りる相当な理由がある」と言いました。また、村田裁判官は、検察官が起訴するまで弁護人や大使館職員以外の人との面会や文書の授受を禁止する「接見等禁止決定」をしました。これで、ゴーン氏は、家族や友人、知人らと会うことも手紙のやり取りをすることもできないまま、毎日一人で東京地検特捜部検事の尋問を受けることになります。接見禁止決定はこのあとも勾留決定とセットで繰り返し行われ、結局ゴーン氏は翌年1月10日までの2ヶ月間、同様の状態におかれました。

1回目の勾留期限である11月30日、多田裕一裁判官は、「証拠解析・捜査未了」「関係者多数のため」「関係人取調べ未了」そして「被疑者共犯者取調べ未了」という4つのゴム印を

「理由」欄に押して、ゴーン氏の勾留を12月10日まで延長します。そして、この延長された勾留期間の最終日に、検察官はゴーン氏とケリー氏を起訴し、それと同時に、再び裁判官が発行した逮捕状に基づいて、二人を逮捕しました。容疑は最初の逮捕容疑と同じ有価証券報告書虚偽記載罪で、その年度が異なるだけ（２０１５年度から２０１７年度まで）でした。翌12月11日、検察官の要求を受け入れた裁判官は、前と同じ理由で、ゴーン氏とケリー氏を12月20日まで勾留するよう命じ、再度接見禁止決定をしました。

2度目の逮捕に続く勾留の最終日である12月20日、検察官は10日間の勾留延長を請求します。これに対して東京地裁の島田一《しまだはじめ》裁判官は、「本件と先行事案との関係（争点及び証拠の重なり合いの程度）や日産関係者の協力状況等」を踏まえて、勾留を延長しなければならない「やむを得ない事由」は認められないとして、請求を却下しました。それを受けて、検察官は、「本件は、その性質からしても立証のハードルの高い複雑困難な事案というべきである」とか「多量の物証の大半が英語で記載されていることもあって、それらの分析に膨大な時間を要して［いる］」とか、「多数の関係者や被疑者から通訳を介して英語で取調べて調書を作成するのに時間を要する」などとして、延長請求却下決定の取消しを求めて準抗告を申し立てました。しかし、東京地裁刑事第13部（裁判長家令和典《かれいかずのり》、裁判官佐藤卓生《さとうたかお》、同菱川孝之《ひしがわたかゆき》）は、この準抗告を棄却し、その結果、ゴーン氏とケリー氏の勾留は12月20日期間満了によって失効しました。

3度目の逮捕~ケリー氏の保釈

しかし、それで二人が釈放されたわけではありません。12月10日付で起訴された金商法違反事件の「起訴後勾留」が続いています。こちらは起訴後ですから、保釈請求が可能です。が、弁護人が保釈請求をする前の12月21日、ゴーン氏は東京簡易裁判所の人見《ひとみ》和幸《かずゆき》裁判官が発行した逮捕状によって、3度目の逮捕をされてしまいます。被疑事実は、「会社に対する忠実義務に違反して、2008年10月に自己の資産管理会社が新生銀行との間で行っていた為替スワップ契約の当事者たる地位を日産に移す契約をして、18億円余の評価損を会社に負わせた」(新生銀行事件)「2009年6月から2012年3月にかけて、4回にわたり合計1470万ドルを中東日産からハリド・アル・ジュファリ氏が経営するサウジ・アラビアの会社に送金した」(ジュファリ事件)という会社法違反(特別背任)です。

12月23日、東京地裁の多田裁判官は、ゴーン氏が逃亡や証拠隠滅を図ると「疑うに足りる相当な理由がある」として、彼を2019年1月1日まで拘禁することを認める勾留状を発行しました。また、多田裁判官はこれまでのケースと同様に接見禁止決定も行いました。そして、同地裁の西野《にしの》吾一《ごいち》裁判官は「事案複雑のため」「関係人取調べ未了」「証拠物検討未了」「被疑者取調べ未了」という4つのゴム印を押して1月11日まで勾留を延長することを認めました。

一方、金商法違反の起訴後勾留だけが続いていたグレッグ・ケリー氏について、東京地裁の島田一裁判官は7000万円の保証金で保釈を許可しました。検察官はこれを不服として準抗告をしましたが、同地裁刑事第10部（裁判長小森田《こもりだ》恵樹《けいき》、裁判官三浦《みうら》隆昭《たかあき》、同土倉《つちくら》健太《けんた》）はこれを棄却します。これで晴れて、ケリー氏はクリスマスの日に36日ぶりに自由の身となりました。

わずか2センテンスの「勾留理由開示」

ケリー氏の保釈から2週間が経過した2019年1月8日、ゴーン氏の弁護人の請求により、会社法違反事件について勾留理由開示が行われました。勾留理由開示とは、拘禁されている被疑者や被告人が、公開の法廷で弁護人立ち会いのうえで、自分が拘禁されている根拠の説明を受ける手続です(1)。

勾留理由開示が行われた東京地裁の法廷で、大鶴基成《おおつるもとなり》氏らゴーン氏の弁護人は、勾留の理由となった犯罪が存在しないことを10ページ以上にわたって詳細に主張しました。

他方で、勾留の要件である「逃亡すると疑うに足りる相当な理由」や「罪証を隠滅すると疑うに足りる相当な理由」については、「ゴーン氏が著名な実業家でフランス政府が『責任を持って本件裁判に出頭させる旨の文書を作成済み』であるから逃亡のおそれはない」「検察官は日産関係者全員を取調べることができ、彼らの供述調書を作成していると考えられるから、ゴーン氏による証拠隠滅のおそれはない」と述べるにとどまりました。

この法廷に現れたゴーン氏は、腰縄に手錠を施されていました。その姿に衝撃を受けたメディア関係者も少なからずいたようです。ゴーン氏自身も意見陳述を行い、すべての容疑について自分が無実である所以《ゆえん》を説明し、「私は、確証も根拠もなく容疑をかけられ、不当に勾留されています」と訴えました。この手続には東京地検から二人の検察官が立ち会いました。川崎幸雄《かわさきゆきお》検事と水野《みずの》朋《とも》検事です。二人とも法廷に座っているだけで、特に意見を述べませんでしたし、ゴーン氏の勾留の正当性を証明するために証人を呼んだり証拠書類を提出したりすることもしませんでした。

ゴーン氏の勾留を決定した多田裕一裁判官は、「一件記録上にある証拠によれば、いずれの被疑事実についても犯罪の嫌疑を認めることができる」と述べつつ、それ以上の説明をすることは「現に捜査中の事件であり、この手続において釈明することはできないものと考えている」と言って説明を拒否しました。また、逃亡や証拠隠滅を疑う理由についても「本件事案の内容・性質や、被疑者の供述内容、被疑者と本件関係者らとの関係性に照らすと、被疑者が関係者らに働きかけをするなどして、罪証を隠滅すると疑うに足りる相当な理由があるものと認められる。また、本件事案の内容や、被疑者が日本国外にも生活の拠点を置いていることから、被疑者が逃亡すると疑うに足りる相当な理由があると認め「られる」」と、わずか2センテンスだけの説明を行いました。どのような証拠からゴーン氏がどのような「働きかけ」をするのか、また日本国外にも生活の拠点がある外国人は他にも大勢いる中で、なぜゴーン氏はそれを根拠に逃亡すると考えられるのか——この点については、一切説明はなされませんでした。

認められない保釈

1月11日、東京地検の廣田《ひろた》検察官はゴーン氏とケリー氏を2015年度から2017年度までの有価証券報告書虚偽記載（金商法違反）の罪で起訴すると同時に、ゴーン氏を新生銀行事件とジュファアリ事件（会社法違反）で起訴しました。弁護団はこの2度目の起訴の後にはじめてゴーン氏の保釈を請求しました。この際、大鶴氏らは「無罪になる可能性が非常に高い」と力説しました。保釈が認められる条件として重要な被告人の制限住居については、パリ市内のゴーン氏の友人宅か東京のフランス大使公邸を用意し、ゴーン氏の公判出廷を保証する旨のフランス政府の確約書も提出しています。

これに対して検察官は、被告人がそれぞれの犯行を犯したことは「明らかである」と反論したうえ、いずれも「常習的」に行われていたのであるから刑事訴訟法89条3号に該当する[2]と言いました。そして、被告人のこれまでの弁解内容や日産やルノー関係者への影響力などから「被告人には、本件各犯行について罪証を隠滅する強い動機・具体的な危険性があり、仮に被告人を保釈すれば、被告人が共犯者や関係者らに口裏合わせを依頼したり、海外に存在し今後捜査共助により入手できる可能性が十分にある証拠を事前に隠滅するなどの行為に及ぶおそれは極めて高［い］」として、89条4号の該当性も主張しました。さらに、「自国民不引渡の原則」[3]から、フランス政府の身柄引受の確約は意味がなく、日本国内に住居がない被告人は89条6号にも該当する、と主張しました。

1月15日、島田一裁判官は検察官の主張のうち3号該当性（常習性）は否定しましたが、4号（罪証隠滅）と6号（住居不定）を認めて、保釈を却下しました。弁護団はその取消しと保釈の許可を求めて準抗告を申し立てましたが、東京地裁刑事第8部（裁判長前田巌《まえだいわお》、裁判官関洋太《せきひろた》、同河村豪俊《かわむらひでとし》）はこの申立を棄却しました——「本件事案の性質及び内容、被告人の地位ないし関係者との関係性、被告人及び関係者の捜査段階における各供述状況等に照らすと、被告人が、罪体ないし重要な情状事実に関し、関係者に働き掛けるなどして罪証を隠滅すると疑うに足りる相当な理由があると認められ、刑事訴訟法89条4号に該当する。また、被告人の従前の住居は既に使用貸借契約が解除されていたことなどからすると、被告人は、原裁判時において、本邦内に定まった住居を有していなかったといわざるを得ず、同条6号にも該当する」。このように、極めて抽象的な表現で身柄拘束が決まってしまうのです。[4]

その3日後の1月18日、弁護人は2度目の保釈請求をしました。渋谷区内にマンションを賃貸できることになったことから、保釈制限住居の候補として、パリ市内の友人宅と在京フランス大使公邸に加えて、このマンションを提案しました。しかし、島田裁判官は、6号（住居不定）は否定したものの、「刑事訴訟法89条4号の場合に該当し、かつ、裁量で保釈することも適当でないと認めて」保釈を却下しました。

年末年始も休みなく行われた検察官の尋問

逮捕当日の2018年11月19日から2度目の起訴の日である2019年1月11日までの54日間のうち、実に53日間にわたって検事による取調べが行われました。土曜日も日曜日も、年末年始も休みなく検事が東京拘置所の取調室にやってきてゴーン氏を尋問しました。取調べがなかったのは2019年1月10日（2度目の起訴の前日）だけです。取調べは午後の時間帯に行われることが多く、途中に弁護人の接見や食事などによる中断を挟み、夕食後も行われました。終了はだいたい午後8時から9時、ときに午後10時をすぎることもありました。

日付	曜日	開始時刻と終了時刻	取調べ時間(分)
2018年11月19日	月	17:13-19:29	136
2018年11月20日	火	12:39-15:15, 19:37-20:42	161
2018年11月21日	水	19:18-21:31	133
2018年11月22日	木	13:49-16:19, 19:40-21:32	262
2018年11月23日	金	13:36-15:55, 18:31-19:54	282
2018年11月24日	土	13:46-16:03, 18:32-20:52	277
2018年11月25日	日	13:49-15:55, 18:48-20:55	253
2018年11月26日	月	15:54-16:17, 18:56-21:57	204
2018年11月27日	火	13:39-14:11, 15:15-16:15, 18:47-21:24	249
2018年11月28日	水	15:34-16:18, 18:27-21:46	243
2018年11月29日	木	13:13-13:52, 14:41-16:06, 19:18-20:35	223
2018年11月30日	金	15:30-16:16, 18:25-20:48	269
2018年12月1日	土	13:21-14:46, 15:17-16:06, 18:37-20:13	230
2018年12月2日	日	13:26-15:31, 15:40-16:17, 18:26-19:57	245
2018年12月3日	月	13:15-13:56, 18:04-20:46	203
2018年12月4日	火	15:25-16:17, 18:24-20:17	165
2018年12月5日	水	15:16-16:18, 18:08-21:25	259
2018年12月6日	木	10:20-10:40, 15:48-16:21, 18:08-22:03	348
2018年12月7日	金	13:05-13:56, 18:10-21:48	269
2018年12月8日	土	13:31-15:32, 18:17-20:06	232
2018年12月9日	日	13:20-16:14, 18:05-20:56	345
2018年12月10日	月	14:19-14:50, 18:24-20:28	155
2018年12月11日	火	18:57-20:50	113
2018年12月12日	水	13:31-14:53, 15:24-16:17, 18:30-20:31	256
2018年12月13日	木	13:20-14:40, 15:53-16:15, 18:18-20:25	229
2018年12月14日	金	13:07-14:49, 15:21-16:09, 18:07-20:53	269
2018年12月15日	土	13:24-14:50, 15:23-16:04, 18:09-19:57	235
2018年12月16日	日	13:20-14:45, 15:20-16:16, 18:06-20:31	286
2018年12月17日	月	13:45-14:42, 18:17-20:06	166

日付	曜日	開始時刻と終了時刻	取調べ時間(分)
2018年12月18日	火	10:16-11:00, 13:06-14:16, 15:31-16:19	162
2018年12月19日	水	13:23-14:47, 18:08-20:57	253
2018年12月20日	木	10:00-11:17, 13:00-13:28, 14:14-15:11, 20:07-22:18	293
2018年12月21日	金	10:15-11:02, 15:26-16:19, 18:14-19:52	198
2018年12月22日	土	13:16-14:49, 15:22-16:09, 18:07-20:07	260
2018年12月23日	日	18:05-20:59	124
2018年12月24日	月	13:15-14:54, 15:19-16:21, 18:16-19:46	251
2018年12月25日	火	13:01-13:56, 15:16-16:14, 18:04-20:55	284
2018年12月26日	水	13:06-13:55, 18:04-20:13	178
2018年12月27日	木	15:47-16:16, 18:06-20:45	188
2018年12月28日	金	13:04-14:43, 18:04-21:59	334
2018年12月29日	土	13:20-14:53, 15:27-16:15, 18:07-21:34	334
2018年12月30日	日	13:20-15:00, 15:34-16:21, 18:05-21:20	342
2018年12月31日	月	13:15-16:13	178
2019年1月1日	火	13:05-14:59, 15:34-16:17, 17:59-20:07	285
2019年1月2日	水	13:26-15:02, 15:30-16:18, 18:05-19:58	257
2019年1月3日	木	13:17-15:00, 15:29-16:16, 18:05-20:48	313
2019年1月4日	金	13:12-14:42, 18:52-21:58	276
2019年1月5日	土	13:20-15:10, 15:36-16:13, 18:11-20:09	265
2019年1月6日	日	13:08-15:05, 15:29-16:19, 18:08-21:13	352
2019年1月7日	月	13:28-14:46, 15:24-16:14, 18:09-20:42	281
2019年1月8日	火	13:42-14:51, 15:57-16:16, 18:09-20:43	242
2019年1月9日	水	10:18-11:16, 15:40-16:18, 18:48-19:04	112
2019年1月11日	金	13:03-13:51	48

取調べ日数合計:53日　**平均取調べ時間:236分**

表2-1　カルロス・ゴーン氏に対する東京地検特捜部検事の取調べ（2018 年 11 月 19 日～ 2019 年 1 月 11 日）

実質的な取調べ時間（検事が尋問している時間）は、短いもので50分、長いもので6時間、平均すると4時間です（表2－1）。

弁護人が検事の尋問に立ち会うことはありません。拘置所は、弁護人であっても休日や年末年始の接見を受け付けません。また、営業日であっても、接見できるのは原則として午前9時から午後5時までです。早朝や夜間の接見は認められません。接見できる場所は、アクリル板に仕切られた接見室に限られます。検事の取調べにはこうした制限はありません。アクリル板の仕切りのない取調室で、1対1で、毎日朝から晩まで尋問を繰り返しました。それから、前述したように、接見禁止決定のために、ゴーン氏は妻子や友人知人と会って話をしたり、手紙のやり取りをすることもできない状態でした。

当時の弁護団はゴーン氏に対して取調べを拒否することも、黙秘することも、そして、調書への署名を拒むことも助言しませんでした。弁護人が同席しない場所で、ゴーン氏は日本語で書かれた資料を突きつけられ、説明を求められました。そして、訳文の添付もない日本語で書かれた供述調書に、検事から求められるままに署名し、指印を押しました。この取調べの結果、約50通の供述調書が作成され、ゴーン氏はそれに署名しました。

「あなたを保釈で釈放させることを約束します」

２０１９年2月中旬、ゴーン氏はそれまでの弁護団を解任し、新しい弁護人を選任しました。新弁護団は河津博史《かわつひろし》氏（主任弁護人）、弘中惇一郎《ひろなかじゅんいちろう》氏、和田恵氏と私の４人を中核にして、さらに河津氏の事務所と弘中氏の事務所の若い弁護士たちも参加し、総勢10名を超える大弁護団になりました。新弁護団はさっそく、旧弁護団から記録を引き継いでこれまでの弁護活動を点検するとともに、世界各国に点在する弁護人たちと連絡をとって、事実関係の把握に努めました。

まず、われわれが取り組んだのはゴーン氏の保釈を実現することです。前任の弁護団は保釈請求において、ゴーン氏が無罪である――「有罪になる可能性は非常に低い」――ことを主要な根拠として、早期に身柄拘束を解くべきであると主張しました。しかし、これは私からすると、率直に言って違和感がありました。無罪の主張をするのは当然であるとしても、被告人を未決拘禁から解放する法律上の根拠はそこではありません。むしろ、焦点をあてるべきなのは、「身体拘束を解いても公判期日に出頭せずに逃亡する心配はない」ということ、そして「事件関係者に偽証を働きかけたり、証拠を破壊したりすることを疑う理由もない」ということです。これについて、裁判官の納得を得られない限り、保釈は認められません。被告人が有罪か無罪かは公判裁判所が公判廷に提出された証拠や証人の証言に基づいて判断する事柄であって、保釈の可否を決定する裁判官が関知するべき事柄ではありません。

加えて、もう一つ違和感があったのは、保釈中の制限住居について、フランス政府の出頭確約書を添えて「パリ市内の住居あるいは東京のフランス大使公邸にすること」を提案した点です。これでは、日本の裁判所が出頭を強制する権限が及ばない場所に被告人を居住させることになりますから、裁判所には受け入れがたい条件だと思います。実際、第1次保釈請求に対して、島田裁判官は、刑訴法89条4号に加えて、6号(「被告人の氏名又は住居が分からないとき」)を理由に請求を却下しました。

しかし、いずれにしても、この事件で保釈を実現することは簡単なことではありません。被告人は全面的に訴因を否認しているうえ、検察側の主要な証拠は被告人が代表取締役を務め絶大な権限を持っていた会社の従業員の供述であり、また「事件関係者」の多くが海外に居住していて検察官に対して供述を提供していない者ばかりです。日本の検察官は、全力をあげて保釈を阻止してくるに違いありません。なぜなら、被告人を密室に閉じ込め弁護人とのコミュニケーションを制約することによって、こうした事件関係者に弁護側が接触する機会をできる限り阻止したいからです。

そして、日本の裁判官は、そのような検察の態度に抗うことをしないでしょう。これらの状況を加味すると、早期の保釈はほとんど不可能なケースと言っても過言ではありません。前任の弁護団もゴーン氏に対し、「否認し続けていると、第1回公判までは保釈は認められないだろう」と説明しています。この説明は一般的な日本の保釈実務の説明としては全くそのとおりです——それを聞いた被告人を絶望の淵《ふち》に突き落とすとしても。

２０１９年のバレンタインデー、私は拘置所の面会室で初めてカルロス・ゴーン氏に会いました。そこには、ジャンパーのファスナーを襟元まで締めて粗末な椅子の上で小さくうつむいている老人がいました。私の方を力なく見上げた眼差《まなざ》しには、雑誌やネットで見た「カリスマ経営者」の面影はありません。憔悴《しょうすい》し体調も崩していました。彼が日本の司法に対して深い絶望を感じていることは明らかでした。「3度目の保釈却下はあってはならない」——私はそう思いました。そして、東京拘置所の接見室のなかでアクリル板越しにこう言いました。

“I promise that I'll get you out on bail.”（「あなたを保釈で釈放させることを約束します」）。

彼は一瞬驚いたような表情を見せましたが、すぐにまたもとの表情に戻りました。アクリル板の向こうで背を丸めて弁護人選任届にサインしているその姿は、「もう何にも期待はしていない、やれるならやってみてくれ」——そう言っているようでした。

保釈実現の「秘策」——代用監獄作戦

しかし、私には「秘策」がありました。それは、いまから四半世紀前の１９９６年に、ある暴行被告事件で依頼人の保釈を実現するために使った「禁じ手」というべき手法で、後に「代用監獄作戦」(5)と呼ばれるようになった戦略です。少し長くなりますが、その話をしましょう。

1995年2月、私は刑事弁護を熱心に行っている同世代の弁護士17人と一緒に「ミランダの会」という団体を立ち上げ、その代表になりました。ミランダの会の目的は、被疑者の黙秘権を確立することです。当時の刑事弁護人は、捜査官の取調べを受ける依頼人に黙秘権の行使を助言するということをほとんどしませんでした。また、取調べの結果捜査官が作文する供述調書についても、弁護人はほとんど何もアドバイスをしませんでした。その結果、被疑者は真意ではない自白調書やニュアンスを変えられた否認調書に、知らずしらずのうちに署名してしまいました。そうした調書をその後の裁判で覆しても手遅れです。調書をまとめた警察官や検察官は「本人が述べた通りの記載をした」「本人は納得して署名した」と証言します。裁判官はその証言をそのまま信頼して、「被告人の公判供述は信用できない」と言って有罪判決を言い渡すのです。

私たちはこの状態を改め、被疑者の黙秘権を実効あるものにするための方策として、「警察や検察の取調べに弁護人の立ち会いを要求し、それが認められないときは取調べを拒否する」「すべての事件で捜査機関が作成した供述調書を弁護人が確認することを要求し、それが受け入れられないときには調書への署名捺印《なついん》を拒否させる」という弁護活動を実践することにしたのです。この弁護活動は、いまとなってはスタンダードな弁護活動の一つですが、当時は非常に過激な弁護活動だとされました。「ミランダの会」に所属する弁護士は、実際の事件でこの弁護活動を実践し、次々と目に見える成果を上げていました。

当然、検察当局はこの動きを警戒しはじめ、法務省刑事局や各地の検察庁は、マスコミを巻き込んでこの運動を潰《つぶ》しにかかりました。当時、私が活動の本拠にしていた埼玉県を管轄する浦和《うらわ》地方検察庁（現さいたま地方検察庁）の清水勇《しみずいさむ》検事正は、記者会見で「法律家としての本質・本当の職務を忘れた若手の弁護士が跳梁跋扈《ちょうりょうばっこ》している」と言ってわれわれを批判しました。さらに、東京地検の甲斐中辰夫《かいなかたつお》次席検事は「捜査妨害」「違法・不当な弁護活動」と言い放ちました。そして、則定衛《のりさだまもる》法務省刑事局長は国会で「弁護士法、刑訴法の目的・使命、社会的正義の実現、刑事司法の健全な発展等公益の観点から問題がある」と答弁しました[6]。

「ミランダの会」への報復捜査

こうした情勢の中、私は夫婦喧嘩《げんか》に端を発した暴行事件の弁護を担当することになりました。川俣正雄さん（仮名、47歳）は、書店に勤務する会社員です。彼は敬虔《けいけん》なカトリック教徒で、妻との間に5人の子どもがいました。しかし、最近になって妻の帰宅時間が遅くなり、また、友人と旅行に出かけたりすることが増えたことから、彼女の行動に不審を抱くようになりました。そして、ついに彼女が妻子ある男性とホテルに宿泊した証拠を発見してしまいます。その後、彼女は子どもを置いて家を出てしまいましたが、荷物を取りに戻ったところで、二人は口論となり、その際に彼は彼女の顔面を平手で数回叩《たた》きました。また、彼女の不倫相手の男性に対して慰謝料の支払を求める損害賠償訴訟を起こしました。すると、彼女は川俣氏を傷害で刑事告訴してきたのです。警察による任意の取調べで、彼は「平手で数回ビンタした」と答えたところ、警察官は「奥さんの言い分と違う」「殴られたほうは多めに言うし、殴ったほうは少なめに言うものだ。……10回でどうだ」と言われ、結局「妻を10回殴った」という供述調書に署名してしまいました。

この段階で、川俣さんが私の事務所を訪れ、私が彼の弁護をすることになりました。私は警察官に対して取調べに私を立ち会わせるように求めましたが、警察官がこれを拒否したので、私たちも取調べのための任意出頭を拒否しました。事件が検察官に送致され、検察官からも任意出頭の要請がありましたが、同じように弁護人である私の立ち会いを要求したところ、検察官がこれを拒否したので、こちらも任意出頭を拒否したのです。その後、警察からも検察からも何も連絡がありませんでした。しかし、半年以上が過ぎたある朝、川俣さんは子どもたちの目の前で、浦和地検の検察事務官によって逮捕されました。そして、そのまま勾留され、彼は浦和地裁に暴行罪で起訴されてしまいました。

川俣さんは普通の会社員です。暴力的な人では全くなく、前科もありません。日常的に妻に暴力を振るっていたわけでもありません。妻が家出したあとは、働きながら男手ひとつで、中学2年生から3歳児まで5人の子どもたちを必死で育ててきました。不貞を働いた妻と口論となり、思わず叩いてしまった暴行事件です。傷害事件ですらないのです。どう考えても、身柄拘束されるような事件ではありません。これは、ミランダの会の弁護活動――取調べへの立ち会いを求め、それが認められないので出頭を拒否させた――に対する報復的な捜査であり、訴追であるとしか考えられませんでした。

彼の起訴後、すぐに保釈請求をしました。当然に認められるだろうと思いました。が、浦和地裁の裁判官は「罪証を隠滅すると疑うに足りる相当な理由がある」と言って、保釈を却下しました。公判が始まりましたが、公判裁判官も保釈を却下しました。この間、5人の子どもたちは児童相談所やカトリック教会が運営する施設に分散して保護されました。彼らのためにも一刻も早く父親の釈放を実現しなければなりません。しかし、合計4回保釈請求をしましたが、すべて却下されました。4度目の保釈がはねつけられたとき、私はこの国の人質司法の現状に心底絶望しました。川俣さんの弁護を一緒に買って出てくれたミランダの会の同僚たちも同じ気持ちでした。

このときに、私が最後の手段として思いついたのが「代用監獄作戦」です。それは、以下のような方法です。私は当時の私の事務所から徒歩3分のところに木造アパートを借り、そこで川俣さんと生活することにしました。彼を私の事務所の職員として雇い入れ、平日は私や支援者の監視下で働いてもらう。週末は彼と一緒に子どもたちが保護されている新潟の施設に行き、彼と行動をともにする。これなら絶対に逃亡するとか証拠隠滅行為をする「相当な理由」があるなどと言えないはずです。私は裁判所にこの条件で保釈するように請求しました。

突然の逮捕から4ヶ月後、浦和地裁第3刑事部（裁判長羽渕清司《はぶちきよし》、裁判官小池洋吉《こいけようきち》、裁判官藤井澄子《ふじいすみこ》）は、保釈保証金150万円のほか私が提案した条件をそのまままるごと採用して、川俣さんの保釈を認めました。

人質司法のカリカチュア

ミランダの会事務局長であり、川俣氏の弁護人の一人として私と一緒に代用監獄で寝泊まりした萩原猛《はぎわらたけし》氏は、この保釈許可決定を「人質司法のカリカチュア」だと言いました。そして、こう付け加えました——「しかし、裁判所はこれがカリカチュアであることにすら、ま

ったく気づいていないようである」と。(7)

この夫婦喧嘩事件のほかに、似たような手法で保釈を獲得したケースが3件あります。1件は百日裁判が適用される公職選挙法違反事件で、連日公判――2週間で13人の証人尋問を行いました――の期間中私は依頼人と同じホテルの隣室に宿泊することを条件に、公判開始前に保釈を認めてもらいました。

2件目は海外のサーバーから「無修正」のハードコア・ポルノを配信する米国会社の従業員が日本に家族旅行中にわいせつ電磁的記録送信頒布罪の共犯として逮捕された事件で、妻との間に3歳の女の子がいる上に妻は出産間近でした。3度目の保釈請求で私は、彼を私の事務所の職員として雇い入れることや事務所内のパソコンと私が貸与する携帯電話以外の通信機器を使わないという条件を提示して、逮捕後3ヶ月ほどで保釈を認めさせることができました。

3件目は、日本の小学校に派遣されて英語を教えているアメリカ人青年の事件です。SNSで知り合ったメキシコ人に「アンティーク・ランプを送ってもらうので、受け取ってほしい」と言われて、住所氏名を教えて郵便局に荷物を取りに行ったら、荷物の中に覚せい剤が入っていたという麻薬取締法違反事件です。逮捕後半年しても保釈が認められず、本人は抑うつ状態となって面会のたびに「死にたい」と漏らすようになってしまいました。5回目の保釈請求で、彼を事務職員として雇い入れることや私が貸与するパソコンと携帯電話以外に使用しないという条件を提示して、なんとか公判開始前に保釈が認められました。

これらの事件はすべて否認事件です。依頼人は無実を訴えています。検察官側の証拠をやすやすと受け入れることなどできません。検察官の請求する証拠書類の取調べに同意することはほとんどなく、公判ではたくさんの証人を尋問することになります。事前にできるだけ多くの検察官手持ち証拠の開示を受けて、防御の準備をしなければなりません。そのためには事件を公判前整理手続に付する必要があります。どんなに急いでも公判開始までに半年以上要することになります。その間依頼人を拘置所に閉じ込めておくことはまさに「鏡の国」状況にほかなりません。それはなんとしても避けなければなりません。全力をあげて保釈裁判官と交渉します。通常の方法でいくら交渉しても裁判所が保釈を認めないために、私はいわば「最後の切り札」として、「代用監獄作戦」のカードを切ることになったのです。

この方法は決して良い方法ではありません。弁護人の本来の役割を超えて弁護人とその依頼人との間に利益相反状況をもたらしかねない、危険と隣合わせの手法であり、まさに「禁じ手」です。

しかし、この禁じ手を使わない限り保釈が認められず、自由で積極的な公判活動もできなくなる事件があるのです。長期間の身柄拘束の結果、依頼人が弁護人の能力や誠実さに疑問を抱き、その信頼関係に深刻な亀裂《きれつ》が生じるということもあります。その結果、依頼人は早期釈放を求めて、自白に転じたり部分的に意に沿わない証拠を認めたりすることにもなるのです。ゴーン氏の事件において同様の作戦を取ったのも、このような背景がありました。

ゴーン氏、107日ぶりに釈放

新弁護団は、さっそく「代用監獄作戦」の準備に取り掛かりました。制限住居となる都内のマンションの玄関にセンサー付きのビデオカメラを取り付け、人が近づけば録画できるようにしました。また、弁護人の一人である弘中惇一郎氏のオフィスにゴーン氏の執務室を設置し、専属秘書を雇いました。さらに、彼が使う特別のノートパソコンを用意して、そのインターネット・ログを記録できるようにしました。そして、専用の携帯電話をこちらで用意し、その通話履歴がわれわれに送られるように手配しました。

こうした準備を経て、2月28日、保釈請求書を提出しました。われわれの保釈請求書では、ゴーン氏が無罪であるとか有罪の可能性が低いなどということは一言も述べていません。刑訴法89条4号の立法過程から説き起こし、「罪証を隠滅すると疑うに足りる相当な理由」は厳格に解釈されなければならないことを力説したうえ、ゴーン氏にはそのような理由は皆無であることを詳細に説明しました。また、彼が複数のグローバル企業の現役の経営者であり、彼の不在がそうした企業のビジネスを停滞させるなど、彼の身柄拘束が計り知れない経済・社会的損失を招いていることを論証し、さらに彼が精神的肉体的に衰弱しており、公正な裁判を実現するためには身柄拘束を解くことが不可欠であることを指摘しました。われわれの保釈請求書は、添付資料も合わせて、180ページに達する大部なものとなりました。

さらに、非常に詳細かつ厳しい保釈条件をこちら側から提案しました。「平日は9時から17時まで弁護人の法律事務所に滞在する」「その間だけ弁護人提供のパソコンを利用できる」「自宅玄関に設置した24時間監視カメラの動画ファイル、通話記録、パソコンのログを裁判所に提出する」「面談した人の記録を提出する」——これらの保釈条件が実行可能であることを示すために、裁判官と何度も交渉して、説明を行いました。こうして、東京地裁の島田一裁判官は、われわれの提示した保釈条件をほぼそのまま採用し、保釈保証金10億円でゴーン氏の保釈を認めたのです。

検察官は、監視カメラは「射程外の場所まで監視できるわけではなく、玄関のみでは制限住居内での被告人の行動を監視できない」「弁護人の指導監督も及ばないところで関係者と接触するなどして秘密裏に携帯電話やパソコン等の通信機器を入手又は借用し、それを用いて口裏合わせ等を行うことが容易に想定でき［る］」「条件の履行を回避することは容易に可能であり、その履行を担保することなど到底不可能である」などと言って準抗告を申し立てました。地裁刑事第10部（裁判長小森田恵樹、裁判官三浦隆昭、裁判官士倉健太）は、「本件事案の性質及び内容、被告人の地位ないし関係者との関係性、被告人及び関係者の捜査段階における各供述状況等に照らすと」被告人には罪証を隠滅すると疑うに足りる相当な理由があると認められるが、「本件の証拠関係、本件審理の進行状況、指定条件を遵守する旨の誓約書を被告人が提出していること、被告人が指定条件を遵守するよう指導監督する旨の誓約書を弁護人が提出していること、被告人の体調等も考慮すると」、保釈保証金額10億円に加えて「制限住居を日本国内とし、海外渡航の禁止、本件事件関係者との接触の禁止、弁護人が制限住居の玄関に24時間作動する監視カメラを設置して録画し、その画像を保存して裁判所に提出することを妨げないこと、被告人が保釈中使用できる携帯電話機及びパーソナルコンピュータの限定等の指定条件を付した上で、被告人の保釈を許可した原裁判が裁量を逸脱した不合理なものとまでは認められない」と述べて、検察官の準抗告を棄却しました。

こうして、２０１９年３月６日、ゴーン氏は実に１０７日ぶりに釈放されました。私はゴーン氏の妻キャロルさんや娘さんたちに「ゴーンさんの65歳の誕生日（３月９日）は、拘置所の外で祝うことができるでしょう」と言っていたので、それが実現できてホッとしました。

「正しくない」弁護戦略を取らざるを得ない理由

ゴーン氏の保釈が認められたことについて、一部のマスコミや法曹関係者の間では、「日本の『人質司法』に対する国際世論の批判に配慮した裁判所が、異例の判断をした」といった趣旨の論評が行われました。また、この判断を好意的に受け止めた弁護士層からも、「これをきっかけに、日本の保釈の運用が人間的な方向に向かうことを期待する」といった意見が出ました。しかし、私はいずれの意見も誤りであると考えます。この保釈許可決定――その裏にある保釈条件の厳しさ――は、先ほど指摘したように、人質司法のカリカチュアにほかなりません。

ゴーン氏は拘置所生活から解放されるために、人として当然に享受するべき様々な自由を失ったのです。「玄関に監視カメラがあって24時間作動している」「パソコンやスマートフォンを使えない」「面談した人や通話履歴がすべて第三者にチェックされる」――そんな生活を想像してみてください。果たして、それで正常な社会生活や家族生活を送れるでしょうか。この状態は、決して自由で健康的な生活とは言えません。ストレスを与えます。この状態が長引けば、人間性に何がしかの悪影響を及ぼすでしょう。

仮にゴーン氏がアメリカで逮捕されたとしたら、これほどまでに厳しい条件を課されなくても、間違いなくその数時間後、どんなに遅くとも24時間以内に釈放されていたでしょう。

たとえば、「キング・オブ・ポップ」マイケル・ジャクソン氏は、14歳未満の少年に対するわいせつ行為の罪で逮捕されましたが、その日のうちに、裁判官の前で無罪の答弁を行い、キャッシュで300万ドルの保釈金を積んで釈放されました。(8) アジアでも、コモンロー系の国であれば、逮捕から24時間以内に釈放されていたでしょう。マネーロンダリング容疑でマレーシアで逮捕された映画プロデューサーは、その日のうちに無罪の答弁をして約24万ドルの保証金を支払って釈放されました。(9) 2020年夏に香港《ホンコン》国家安全維持法違反で逮捕された民主活動家も、逮捕の翌日には「警察保釈」で釈放されました。(10)

今回のケースのように、被告人を弁護士事務所内で執務させるとか、通話履歴やインターネット・ログを弁護士が管理して裁判所に提出するというのは、要するに、弁護士にその依頼人の行動の監視役をさせるということです。これは、弁護士が本来行うべき仕事ではありません。弁護士は、依頼人の最善の利益を守るために合法的なあらゆる活動を行うのが、その職務です。そのために、弁護士と依頼人との間には、通信の秘匿特権（lawyer-client privilege）が保障されなければならないのです。

弁護士が依頼人の監視役をするということは、この特権と矛盾する可能性があります。弁護士が依頼人の私生活や第三者とのコミュニケーションの内容を常時監視して、保釈条件に違反したコミュニケーションを発見したときにはそれを裁判所に通報する義務を負うということになれば、依頼人は弁護士に安心して様々な事柄を話したり相談したりできなくなるでしょう。弁護士は依頼人の味方・相談役というよりは、裁判所から派遣された監視人になってしまうかもしれません。繰り返しますが、「代用監獄作戦」という保釈獲得のやり方が正しい弁護戦略なのかと問われたら、「正しくない」と答えざるを得ないのです。しかし、われわれは、不条理な身柄拘束を回避して依頼人の自由を回復するために、本来の弁護活動の範囲を超える戦略を、いわば「非常手段」として選択したのです。

つかの間の自由

107日ぶりに自由を回復したゴーン氏は、徐々に健康を回復していきました。毎朝午前9時に「勤務先」である法律事務所ヒロナカの執務室に出勤して、世界各国の弁護士やビジネスパートナーとビデオ会議を行いました。週2回以上行われる弁護団会議に出席して、弁護団に日産＝ルノー＝三菱・アライアンスの仕組みや決裁システム、中東諸国に展開したマーケット拡大戦略、2008年秋のリーマンショックが世界経済や日産やゴーン氏自身に及ぼした影響などについてわれわれに説明したり、事情聴取すべき証人候補者などについて意見を述べたりしました。弁護人の説明に疑問があるときには、理解できるまで説明を求めました。彼の風貌《ふうぼう》や物腰は「カリスマ経営者」のそれに戻りつつありました。

ゴーン氏も妻キャロルさんも、そして4人の子どもたちも、裁判所が設定した保釈条件を遵守することに細心の注意を払いました。彼らは、保釈条件の意味について、しばしば弁護人に問い合わせてきました。裁判所の許可が必要な「3日以上の旅行」の意味をめぐって、「『2泊』する場合は当たるか」とか、「外出先で挨拶《あいさつ》されただけの人でも『面談記録』に『氏名、日時、場所』を記録しなければいけないのか」など、繰り返し質問がありました。もっとも頻繁にあったのは、接触が禁じられる「事件関係者」の範囲です。彼らがこうした細心の注意を払ったのは、自由が奪われることがいかに苦痛なことかを身に沁《し》みて体験したからです。保釈が取消されることは、ゴーン氏とその家族にとって最大の恐怖だったのです。

この間、東京地検は、あたかもゴーン氏が有罪であることを裏付ける証拠が豊富にあるかのような情報を、一方的にマスコミにリークして、報道を誘導していました。このこと自体、国家公務員法に違反する犯罪行為ですが、一向に止む気配はありません。ゴーン氏と弁護団で繰り返し協議した結果、ゴーン氏自身が公に一定の反論をした方が良いという結論になりました。そして、２０１９年4月3日、ゴーン氏はツイッターのアカウントを開設し、「何が起きているのか、真実をお話しする準備をしています。4月11日木曜日に記者会見をします」と発表しました。

4度目の逮捕

その翌日。4月4日の早朝、午前5時50分頃、渋谷区の住宅街にあるマンションの一室に、20名近くもの東京地検特捜部の捜査官たちが押し寄せました。彼らは玄関のインターホンを押して、寝室で眠っていた夫婦を起こし、ドアが開くや室内になだれ込みました。

「逮捕する」

寝起きのゴーン氏にそう告げました。捜査官たちは、玄関に設置されていた監視カメラに覆いをかぶせました。ゴーン氏は、捜査官の指示に素直に従い、身支度を整えて出かける準備をしました。一方、突然の事態に極度の不安に陥ったキャロルさんは、携帯電話で弁護人に連絡しようとしました。しかし、弁護士が電話に出る前に、捜査官は彼女から電話を取り上げました。キャロルさんは別の携帯電話でもう1度弁護士に電話しようとしましたが、捜査官は再び電話を取り上げました。弁護士と話したいと何度も求めましたが、捜査官たちは拒否し、彼女に携帯電話を返しませんでした。

夫が連行された後、キャロルさんは一人部屋に残されました。彼女は、寝間着を着たままの状態で捜査官に囲まれました。女性の捜査官がトイレにまでついてきて、彼女と一緒にトイレの中に入ってきました。そのせいで彼女は、トイレのドアを開けたまま用を足さなければなりませんでした。また、キャロルさんは気持ちを落ち着けるためにシャワーを浴びたいと申し出ましたが、そこにも女性の捜査官がついてきて、一緒に浴室に入ることになりました。

捜査官は、テーブルの上から棚の引き出し、キャロルさんのカバンの中、さらには彼女の財布の中まで探りました。彼らは、彼女のパソコンや携帯電話のパスワードを尋ねました。彼女は、「パソコンや携帯電話は自分のものであって、夫のものではない」と何度も言いましたが、捜査官は「ここは日本だ。座っていろ。言われた通りにしろ」と英語で述べ、執拗《しつよう》にパスワードを言うように要求します。彼女はついに屈服し、パスワードを伝えました。

結局、東京地検特捜部の捜査官は、キャロルさんの「立会い」で合計22点の物件を押収しました。ゴーン氏の日記やメモ、保釈許可条件に従って設置されたカメラ本体とそのデータを保存したＵＳＢメモリー、ゴーン氏が記録していた面会簿、ゴーン氏が記者会見のために用意していた原稿などのほか、キャロルさんの夫に宛てた手紙、彼女のパソコンと3台の携帯電話、さらには、彼女の旅券までも押収しました。捜査官は、明らかにキャロルさんの物も含んでいるこれらの押収品について、その所有者をすべて「カルロス・ゴーン・ビシャラ」と目録に記入しました。

この逮捕と捜索差押は、いずれも東京地方裁判所の井廻直美《いまわりなおみ》裁判官が発行した令状に基づいて行われました。前提となる被疑事実は、「２０１５年から２０１８年にかけて、その一部を自分が管理する投資会社に還流する目的で、中東日産からオマーンの販売代理店Suhail Bahwan Automobiles LLC（SBA）の銀行口座に、合計1500万ドルを送金させた」という特別背任の容疑（SBA事件）でした。

われわれは、「ゴーン氏もキャロルさんも子どもたちも、保釈条件を厳守しており、逃亡すると疑うに足りる相当な理由も、罪証隠滅を疑う相当な理由もないことは明らかであり、通話履歴や防犯カメラの画像などからもそのことは明白である」「SBA事件について、東京地検はすでに3ヶ月前から捜査をしており、起訴するに足りる証拠があるなら、ゴーン氏の身柄を拘束せずに直ちに起訴すべきであり、したがって、彼を勾留する理由はない」として、東京地裁に勾留状を発行しないように求める意見書を提出しました。しかし、東京地裁の福島一訓《ふくしまかずのり》裁判官は、「罪証隠滅を疑う相当な理由」も「逃亡を疑う相当な理由」もあるとして、勾留状を発行しました。さらに勾留に加えて接見禁止決定も行いました。

われわれは、勾留決定と接見禁止決定に対して準抗告を申し立てました。勾留準抗告を棄却した東京地裁刑事第13部（裁判長家令和典、裁判官森里紀之《もりさとのりゆき》、同伊藤友紀子《いとうゆきこ》）は、「逃亡のおそれは認められない」としながら、「本件事案の内容・性質、被疑者の弁解内容、現時点における証拠の収集状況に加え、国内外に多数の関係者が存在することや、関係者と被疑者との関係等に照らすと、被疑者が関係者に働きかけるなどして、本件の罪体等について罪証を隠滅すると疑うに足りる相当な理由があ［る］」と言いました。接見禁止決定に対する準抗告を担当した刑事第8部も、13部の文章と瓜《うり》二つの一文で、接見禁止に対する準抗告を棄却しました。そして、最高裁判所は例によって三行半《みくだりはん》決定でわれわれの特別抗告を棄却しました。

そして、島田一裁判官はこの勾留を4月22日まで、8日間延長する決定をしました。われわれは「勾留延長の要件である『やむを得ない事由』など存在しない」「この勾留延長は、弁護人の助言にしたがって黙秘しているゴーン氏を、連日尋問し圧力をかけて何らかの供述を得ようとするものであって、その実質は拷問にほかならない」と言って準抗告を申し立てました。東京地裁刑事第6部（裁判長中山大行《ともゆき》、裁判官日野《ひの》浩一郎《こういちろう》、同名取桂《なとりかつら》）は、一言「本件事案の性質及び内容、捜査の進捗《しんちょく》状況等に照らすと、本件事案を解明し、被疑者に対する終の処分を決定するためには、客観証拠の精査、捜査共助による関係者の証人尋問及び複数の参考人の取調べ等の捜査を行う必要があり、本件勾留がもっぱら被疑者取調べに利用されているとは認められない」と述べて、われわれの準抗告を棄却しました。特別抗告も棄却されました。三行半で。

こうして、ゴーン氏は拘置所に逆戻りして、家族との交流も絶たれ、再び連日検事の尋問を受ける日々を送ることになりました。

執拗な尋問

逮捕の知らせを受けて数時間後に、私は東京地検の地下でゴーン氏に会いました。彼は疲れた様子でしたが、毅然《きぜん》としていて、うろたえている様子は微塵《みじん》もありませんでした。彼は一言、

「キャロルのことをお願いする」

そう言いました。

私は、彼に「検事の尋問には一切答えてはいけない。そして、検事が差し出す一切の書類に署名してはいけない」「今あなたにできる最善のことはそれだけだ」とアドバイスしました。

ゴーン氏は私のアドバイスにしたがい、関検事の尋問に対して沈黙を貫こうとしました。しかし、検事は尋問をやめようとしません。「供述をしないと一方的な証拠で起訴することになる」「われわれは真実を知りたいだけだ」「真実に基づかない起訴はしたくない」などと、いかにも公正な第三者であるかのように言い募って、供述を求めました。他方で、事件の関連会社の役員として妻や子どもたちの名義があることを示し、供述をしないと彼らも「共犯者」として扱うことをほのめかしました。さらに、検事は、弁護士が無能であり黙秘戦略は

不利益をもたらすなどと、われわれ弁護団の悪口まで言いました。

こうした取調べの方法を私はこれまでに何度となく経験していましたから、予《あらかじ》めゴーン氏に「検事はこういうことを言ってくるはずだ」と予告していました。そして、まさにそのとおりのことを検事は取調べで発言しました。私は「黙秘するかどうかに関係なく、逮捕した時点で特捜部は起訴を決めている」「弁解や説明をすればするほど、検察は攻撃のターゲットを絞ることができ、逆に弁護側は防御方法の選択の幅が狭まる」「調書ができなくて困るのは常に捜査側なのだ」と説明しました。ゴーン氏は私の説明をよく理解していました。

それでも検事は決して尋問をやめませんでした。逮捕の当日から毎日、休日も休みなく、東京拘置所の取調室にゴーン氏を連れ出し、尋問を続けました。彼が「弁護人の助言に従う」「お話しすることは何もない」「これは時間の無駄ではないか」と述べても、検事は彼を解放しません。資料を突きつけて説明を求めました。時には、検察の役割について演説しました。そして、妻や子どもを「共犯者」に違いないと言い、黙秘以外の助言ができない弁護団の無能を言い立てました。弁護団は、東京地検検事正あてにこうした取調べをやめるように申し入れました。

このような取調べのやり方は、ゴーン氏の憲法上の権利である黙秘権・供述拒否権を甚だしく侵害する違法な捜査であることは明らかです。また、それは、拷問禁止条約が定義する「拷問」にほかなりません。

私どもは貴職に対し、このような非人道的な行為を直ちに中止するよう申し入れます。本人が供述拒否の意思を鮮明に示しているにもかかわらず、狭い取調室のなかで供述することを執拗に「説得」すること自体が黙秘権の侵害であり、拷問にほかなりません。取調室にゴーン氏を連行すること自体をやめていただきたい。それが叶《かな》わないというのであれば、せめて、彼の黙秘の意思を確認した段階で取調べを中止して彼を居室に戻していただきたい。

東京地検は当然のようにこの申し入れを黙殺し、毎日、ゴーン氏の取調べを強行しました。起訴の前日まで1日の休みもなく、毎日5時間前後の尋問が行われました（表2－2）(11)。ゴーン氏はわれわれの助言にしたがって、ほとんどの取調べで沈黙を貫きましたが、プレッシャーに耐えられずに説明をしてしまったこともありました。しかし、検事が作文した調書への署名を拒否することは、なんとか貫徹することができました。したがって、この第4次逮捕勾留期間中には、彼の署名のある調書は1通もないのです。

日付	曜日	開始時刻と終了時刻	取調べ時間(分)
2019年4月5日	金	19:20-21:10	110
2019年4月6日	土	13:30-14:30, 18:30-19:30	120
2019年4月7日	日	13:30-14:30, 18:30-21:30	240
2019年4月8日	月	18:30-21:30	180
2019年4月9日	火	13:15-21:15	480
2019年4月10日	水	13:00-14:50, 15:30-16:20, 18:30-21:15	325
2019年4月11日	木	13:10-14:40, 15:35-16:10	125
2019年4月12日	金	14:30-22:00	450
2019年4月13日	土	13:30-15:00, 15:30-16:10, 18:30-21:45	325
2019年4月14日	日	9:50-11:00, 13:15-16:00, 18:00-20:50	405
2019年4月15日	月	13:15-21:45	510
2019年4月16日	火	14:30-20:40	370
2019年4月17日	水	14:00-16:00, 19:00-21:30	270
2019年4月18日	木	13:30-21:30	480
2019年4月19日	金	14:00-20:00	360
2019年4月20日	土	13:30-21:15	465
2019年4月21日	日	10:30-21:00	630

取調べ日数合計:17日　　**平均取調べ時間:343分**

表2-2　カルロス・ゴーン氏に対する東京地検特捜部検事の取調べ（2019年4月5日～同月21日）

2度目の保釈と検察の「から騒ぎ」作戦

われわれは、ゴーン氏の勾留中に保釈の準備を進めていました。私は4月中旬にベイルートに行き、SBA事件に登場する主要人物に会って事情聴取しましたが、その際にそれぞれに弁護士の代理人がいることを確認しました。それぞれの弁護士に、「依頼人はカルロス・ゴーンあるいはその親族と直接コミュニケーションを取らない。連絡の必要があるときは弁護士を通じて連絡する」旨の確約書に署名してもらいました。また、これまでの通話履歴やパソコンのインターネット・ログ、そして、ゴーン氏の面会簿などをチェックして、ゴーン氏が保釈条件に違反していないことも確かめました。

接見中にゴーン氏から「次の保釈が認められることにどれだけ自信があるか」と尋ねられました。私は「自信はある。あなたが保釈条件に違反していなければの話だけどね」と答えました。「それなら絶対に大丈夫だ」。ゴーン氏は笑顔でそう答えました。

4月22日、われわれは起訴と同時に保釈請求をしました。ゴーン氏とその家族がこれまで厳しい保釈条件を厳守してきたことを示し、「今後も同様の保釈条件に従うことを約束する」旨を記したゴーン氏・キャロルさん・子どもたちの誓約書を提出しました。そして、保釈条件遵守のために最善の努力をする旨の弁護人の誓約書を添付しました。検察官は、例によって保釈に反対する意見書を提出しました。しかし、検察はゴーン氏が保釈条件に違反した事実を何一つ指摘できませんでした。その代わり、別の話を持ち出してきました。

東京地検は、押収したキャロルさんのスマートフォンの中に、一枚の写真があり、彼女がその写真をベイルートの弁護士カルロス・アブジャウデ氏に送信した事実に着目しました。それは、2019年2月5日に、レバノン大使館の職員が東京拘置所の接見室で撮影したゴーン氏直筆のメッセージでした。これは、妻キャロルさんと息子アンソニーさん「気付（“care of”）」で、アブジャウデ弁護士に宛てられたものでした。2月5日といえば、金商法違反事件、新生銀行事件そしてジュファリ事件の起訴が終わり、2度にわたって保釈請求が却下され、2週間ほど経過した時期です。このメッセージのなかでゴーン氏は、中東日産から1470万ドルの送金を受けた Khaled Ahmed Al Juffali Company の経営者ハリド・ジュファリ氏の供述、そして、当時日産の中近東部長であったジル・ノルマン氏の供述を得てほしいと依頼しています。さらに、ゴーン氏は、日本における現在の弁護人に対する信頼を失っており、彼らに代わる新しい弁護人をできるだけ早く探してほしいとも述べています。

2月5日当時、すでに接見禁止は終わっており、家族らの接見も可能でした。が、一般接見には拘置所の看守が立ち会います。立会いのない接見（秘密接見）が許されるのは、弁護人と大使館職員だけです。「弁護人に対する信頼を失った」というメッセージを、当の弁護人に託すわけにはいきません。つまり、ゴーン氏は、大使館職員にこのメッセージを託しかなかったのです。大使館職員はこのメッセージを接見室で撮影し、これをキャロルさんに送り、彼女はメッセージ・アプリでこれをアブジャウデ弁護士に転送したのです。メッセージの内容は、自分の無実を証言してくれるはずの証人候補を弁護士に伝え、かつ信頼できる日本の弁護士を探してほしいと要請しているものに過ぎません。これはまさに、ゴーン氏の「SOS」でした。

ところが、東京地検の検察官は、このメッセージをとらえて「妻キャロルや息子アンソニーを介するなどして複数の罪証隠滅行為をしていた」などと断言する意見書を裁判所に提出しました。具体的な証拠隠滅行為を何一つ指摘できないにもかかわらず、関係者と連絡を取ったというだけで「罪証隠滅だ」と騒ぎ立てるのは、日本の検察の常套《じょうとう》手段です。そして、甚だ残念なことに、裁判官は検察のこうした「から騒ぎ」を真に受け、「罪証隠滅をすると疑うに足りる相当な理由」があると言って、保釈を却下するのです。

カルロス・アブジャウデ弁護士は、レバノンでもっとも成功したビジネス・ロイヤーの一人です。私はベイルートの彼の事務所を訪れ、彼の立会いのもとでSBA事件の関係者から事情聴取したことがあります。彼は、ベイルートでは深夜あるいは早朝という時間であるにもかかわらず、弁護団会議に欠かさずビデオで参加し、貴重な情報や意見を提供してくれました。とても実直な人柄の人物です。保釈条件の遵守をはじめ、日本のシステムを理解し、それに違反しないように常に細心の注意を払っていました。およそ、証人を威迫したり偽証を教唆するようなタイプの人物ではありません。また、われわれがジュファリ氏やノルマン氏の弁護士に連絡をとり、彼らの依頼人がゴーン氏やその家族と直接コミュニケーションをとらないことを確約してもらったことは、先ほど述べたとおりです。われわれは、この確約書やアブジャウデ氏の説明を添えて、検察官の意見が言いがかりに過ぎないことを説明する補充の意見書や報告書を提出しました。

そして、4月25日、島田一裁判官は保証金5億円で保釈を許可しました。検察官の準抗告も棄却され、その日の夜10時過ぎに、ゴーン氏は21日ぶりに社会に戻りました。

ゴーン氏を絶望させた異例の「理由」

こうして、検察官の「から騒ぎ」作戦は失敗したかに見えました。が、必ずしもそうではありません。島田裁判官は今回の保釈許可決定に異例の「理由」を書き加えていました。普通の保釈許可決定は「保釈を許可する」「保証金は~円とする」という「主文」に「別紙保釈指定条件」が添付されているだけですが、今回のケースでは以下のような文が書かれていました。

検察官が指摘するように被告人が別件により逮捕勾留されていた期間（平成30年12月ころから平成31年2月上旬ころ）に、事件関係者に対する働きかけを企図していたことなどを考慮すると、本件について、被告人が事件関係者に働きかけるなどして罪証を隠滅すると疑うに足りる相当な理由がある。

したがって、刑事訴訟法89条3号の点を考慮するまでもなく、本件は、権利保釈には該当しない。

刑事訴追された個人が防御のために「事件関係者」に連絡してその供述を確保しようとするのは、極めて当たり前で正当な防御活動です。しかし、日本の裁判官は、こうした防御活動（「働きかけ」）ですら、「罪証を隠滅すると疑うに足りる相当な理由」だと言って、自由を剝奪《はくだつ》するのです。刑事被告人の防御活動は、こうして甚だ窮屈なものにならざるを得ないのです。この文言に続けて島田裁判官はこう言いました。

しかしながら、本件の証拠関係、特に客観的な証拠の収集状況に加え、平成31年［2019年］2月中旬以降は、別件による逮捕勾留中及び保釈中並びに本件における逮捕勾留中の期間を含めて、被告人による罪証隠滅行為をうかがわせる明確な事情はないこと（現在の主任弁護人らによる指導監督が徹底していることにより、罪証隠滅に関する状況に変化を生じていると思料される）、本件について、公判審理に向けた主張と証拠の整理を適切かつ円滑に行うためには、被告人と主任弁護人らとの間で十分な打合せの機会を設ける必要性が高いことも認められる。

こう述べて、島田裁判官は「裁量」保釈を認めたと説明しました。要するに、「刑事被告人には『弁護人との打ち合わせ』が保障されれば良い」「それ以上の活動は、1度でもそれをすると、罪証隠滅をうかがわせる具体的な事情が何一つないとしても、それ自体が『罪証を隠滅すると疑うに足りる相当な理由』にほかならない」というのです。そしてさらに、裁判官は被告人の妻を「事件関係者」と呼び、彼女との「接触」を全面禁止してしまいました——「前もって、裁判所に対し、面接・連絡を行う日時、場所、方法及び事項を明らかにして接触することの許可を申し出て、許可を受けた場合」を除き、「直接又は弁護人を除く他の者を介して、面接、通信、電話等による接触をしてはならない」と。

東京拘置所から渋谷の制限住居に向かうタクシーの中で、私はこの保釈条件を依頼人に説明しました。久しぶりに自由を得た喜びと安堵《あんど》の表情は一瞬で消えてしまいました。

「君がそれを提案したのか？」

「とんでもない。私もさっき初めて知ったのだ」

「こんな馬鹿げた、非人間的なことが可能なのか？」

「……この国では可能だ」

「こんなことなら、拘置所にいたほうがマシだ。そうだろ？」

「この保釈条件をできる限り早く解除するための方策を考える、だからなんとかしばらく我慢してほしい」。それ以上の慰めの言葉を見つけることはできませんでした。

夫婦間の接触禁止の非人道性

そのころ、キャロルさんはニューヨークの自宅にいました。ゴールデン・ウィークに来日して、夫と休暇を過ごす予定でした。そのことをゴーン氏もとても楽しみにしていましたが、この計画は不可能になりました。せめて、ゴールデン・ウィーク中毎日1時間、弁護人立会のビデオ通話で会話ができるようにしてあげたいと思い、弁護団は「妻との接触許可申出」を行いました。しかし、この申出はあっさりと退けられました。

そこで、われわれは夫婦間の接触禁止の非人道性を直接訴えることにしました。われわれは、妻キャロルさんとの接触を禁止する保釈条件は、市民的及び政治的権利に関する国際規約（自由権規約）17条1項が禁じる「家族生活への恣意《しい》的な介入」であるとして、保釈許可決定に対する準抗告を申し立てました。「事件関係者と接触することは既に他の保釈条件によって禁じられていることなので、あらためて妻を介しての接触を禁じる必要はない」「キャロルさんは起訴状にも検察官の証明予定事実にも登場せず、検察官は彼女を証人申請すらしていないから、彼女自身は『事件関係者』ですらない」「仮に彼女の供述が必要だとしても、彼女はゴーン氏が勾留中の4月11日に公判前証言録取手続で証言している」「そもそも、妻には証言拒絶権がある（刑事訴訟法147条1号）」などの点を指摘して、この接触禁止が必要のない措置であることを力説しました。また、国連規約人権委員会の見解やヨーロッパ人権裁判所の判例[12]を可能な限り調査して、夫婦の接触を全面的に禁止するのは「比例原則」に違反して「恣意的介入」に該当することが明らかであることを指摘しました。

ところが、東京地裁刑事第15部（裁判長楡井《にれい》英夫《ひでお》、裁判官小野《おの》裕信《ひろのぶ》、同岩瀬《いわせ》みどり）は、保釈条件が自由権規約に違反するかどうかについて、何一つ応答しませんでした。夫婦の接触禁止という保釈条件が「比例テスト」にパスするかどうか検討することもしませんでした。さらに、われわれが国際人権規約違反の主張をしていることにすら、一切触れませんでした。そのうえで、「被告人が、妻に対して、また、妻を介してその他の事件関係者に働きかけるなどして、罪体及び重要な情状事実に関し、罪証を隠滅するおそれがあることは否定し難い」と述べて、われわれの準抗告を棄却したのです。

われわれは最高裁判所に特別抗告をしました。抗告理由には条約違反を再論しただけではなく、「日本国が締結した条約及び確立された国際法規は、これを誠実に遵守することを必要とする」という日本国憲法98条2項にも違反することを指摘しました。この特別抗告申立書を書いていて、私は、さすがにこれに対して最高裁は何らかの判断を示すのではないかと感じました。しかし、最高裁は当然のように私の期待を裏切り、三行半の棄却決定をしました——「本件抗告の趣意は、憲法違反をいう点を含め、実質は単なる法令違反、事実誤認の主張であって、刑訴法433条の抗告理由に当たらない」と。

ゴーン夫婦の絆

ゴーン氏とキャロルさんは2010年にニューヨークで知り合い、5年の交際期間を経て、2016年に結婚しました。ゴーン氏は、成功したビジネスパーソンとして、アメリカや日本、フランス、レバノンをはじめ世界各国を忙しく飛び回っていました。キャロルさんは、ゴーン氏に献身的に付き添い、精神面で支えました。ゴーン氏は、仕事を終えて家に帰る前に「今から帰るよ」と連絡し、キャロルさんは夫の帰りを待つ。その日にあった他愛もない出来事、たとえば飼っている猫の様子について話す。そういう、ごくありふれた夫婦としての日常生活を送っていました。離れている時であっても、彼らは1日も欠かすことなくビデオ電話などを利用して話しました。彼らは、1組の夫婦であると同時に、お互いをソウルメイト、親友として信頼し、支え合って生きてきました。

２０１８年11月にゴーン氏が逮捕されたとき、キャロルさんはパニックに陥っており、当時の弁護人とはうまくコミュニケーションを取ることができませんでした。それはゴーン氏も同じです。二人にとって、お互いの様子を知り、愛を確かめるには、大使館だけが唯一の頼りでした。２０１９年3月6日に保釈によってゴーン氏が釈放されると、二人は再会を喜びました。東京都渋谷区内にある1ＬＤＫのマンション（「制限住居」）で一緒に暮らしながら、二人での生活を楽しみました。ゴーン氏の娘たちを交えて誕生日をレストランで祝ったり、家で食事を作ったり、夫婦二人でサイクリングに出かけたり、公園で散歩をしたり。夫婦は家族としてのささやかな生活を満喫しました。

しかし、この生活は、２０１９年4月4日の突然の逮捕によって終わりました。以来、二人は会うことができませんでした。ゴーン氏が勾留されている間は、われわれ弁護人が二人から預かったメッセージを相互に伝えました。その内容は、お互いを恋しく思っている、相手の安否を気遣い、励ますという内容ばかりでした。ゴーン氏は、連日長時間にわたる検察官の取調べを受ける中でも、キャロルさんの励ましのメッセージを心の拠《よ》り所としていました。彼自身も、一人残されたキャロルさんの安否を心から気にかけていました。

われわれ弁護人は、逆に、夫と妻それぞれとは自由にコミュニケートできるのです。これは辛《つら》い立場です。なんとかしてやりたい。二人に正常な夫婦生活を再開させてあげたい。そう切に願いました。そのために、接触許可申請や保釈条件の変更申請を繰り返し行いましたが、裁判官はまったく聞く耳を持ちませんでした。妻との接触ができない日々が続くに連れて、ゴーン氏は苛立《いらだ》ちをあらわにすることが多くなり、ふさぎ込んでいることも目立つようになりました。私は知り合いの精神科医の受診を勧めました。数時間の問診の結果、精神科医は「家族（特に妻）や友人らとの交流を持つことができないこと、通常の活動（仕事など）を行うことができないことなど」に起因する「抑うつ状態」と診断しました。

こうした診断を添えて、「妻との接触許可申請」を繰り返しましたが、裁判官は一向にこれを認めませんでした。ある時、島田裁判官は夫婦が面談する必要がある「事項」とは何かと尋ねました。この問いに私は切れてしまいました。

「他愛のない会話をしながらお茶を飲んだり、食事をすることですよ。そして、二人は抱擁するんですよ。キスをするんです。そしてベッドに入ってセックスする。裁判官、それが夫婦の接触ということの意味ですよ。そうした接触を奪う権利は誰にもないでしょう。国家にどんなに正当な目的があったとしても、決して奪い去ることが許されない個人の領域というものがあるんです」。それでも、裁判官はわれわれの申し出を拒否し続けました。

公判開始を遅らせようとする検察

私は、ゴーン氏に「公判前整理手続が進み、争点や証拠の整理が一段落すれば、保釈条件は緩やかになるはずだ。キャロルとの接触禁止の解除も認められるだろう」と言って、慰めました。しかし、結果的にこの慰めは裏目に出てしまいます。

公判を担当する下津健司《しもづけんじ》裁判長は、当初「9月に公判を開始したい」と言っていました。マスコミもこの発言を——検察リークに基づいて——報道しました。しかし、次の期日には「この発言を撤回する」と言いました。検察官が、公判開始を遅らせようとしていることは明らかでした。弁護人が要求する証拠の開示についても、「整理するのに時間がかかる」とか「日産や従業員のプライバシー情報がある」などと言って、消極的な態度をとり続けました。裁判所はこうした検察官の態度に対して寛容に振る舞いました。他方で、われわれの証拠開示命令請求を裁判所は棄却しました。ゴーン氏はこうしたやり取り——日本の刑事司法の実態——を繰り返し見ていたのです。要するに、保釈が認められた以外、弁護人の戦略は失敗に次ぐ失敗なのでした。この体験を通じて、彼はこう思ったはずです——「この国の刑事司法を支配しているのは検察官だ。有罪率99%は当然だ。この国で私が公正な裁判を受けることは期待できないのではないか」と。

弁護団は、いわば最後の手段として、弁護側の予定主張（公判において主張することを予定している法律上及び事実上の主張）を「先出し」することを考えました。本来弁護側の主張は、証拠開示の手続が終了した後に提出するものです（刑事訴訟法316条の17）。しかし、検察官の証拠開示がいつ終わるか全く目処《めど》がたちませんでした。これではいつまでたっても、「夫婦接触禁止」は解除されません。そこで、検察官の証拠開示を待たずに弁護側の予定主張を提出することにしたのです。こうすることで、裁判官は「弁護側の主張が明確になり、争点がはっきりしたので、罪証隠滅の蓋然《がいぜん》性は減少した」と考えるはずだ、少なくともこれまでの経験ではそう考える裁判官が多かった、と。私はこの戦略をゴーン氏に説明しました。彼もそれに期待しました。

2019年10月17日、われわれは50頁を超える「予定主張記載書」を公判裁判所に提出し、起訴されたすべての事件について、なぜ無罪なのかを説明しました。それとともに、この事件の訴追を可能にした、日産と東京地検との司法取引が違法なものであるうえに、検察庁が日産の社員や顧問弁護士を使ってレバノンやブラジルなどで展開した違法な捜査を指摘して、本件は公訴棄却されなければならないという主張も展開しました。この書面によって、検察側と弁護側の対立点は明確になりました。それに伴って、キャロルさんがこの事件の「関係者」ではなく、検察側にとっても弁護側にとっても証人予定者ではないことが明白になりました。そこでわれわれは、キャロルさんとの接触禁止という保釈条件を削除することをあらためて申し立てました。

不信

しかし、東京地裁はこれでも夫婦接触禁止を解除しませんでした。島田裁判官は、先に最高裁がわれわれの特別抗告を棄却したことで、この保釈条件に自信を深めたようでした。われわれとの交渉の際に彼は「最高裁もこれを認めたわけですから」と言いました。ゴーンさんに結果を伝えるのはとても辛いものでした。「今度こそは」と期待をもたせてしまったことを、私は後悔しました。

「……オーケイ」

彼はいつものように冷静でした。しかし、その声には冷ややかなものを感じました。彼は日本の刑事司法全体に失望しているようでした。それとともに、われわれ弁護人に対する信頼や期待というものも徐々に薄くなっていっているように、私には感じられました。「証拠の開示も、公判の日程も、そして保釈条件も、結局、検察官の言い分がほとんどそのまま通る」「裁判官は検察官の意向ばかり気にする」「マスコミは検察がリークする情報をそのまま報じているだけではないか」「このようなところでフェアな裁判は期待できないのではないか」。こうした発言が増えていきました。

尾行者、探偵会社、日産の関与

ゴーン氏と彼の家族を追い詰めていた問題は、他にもありました。4月25日の2度目の保釈の直後から、ゴーンさんは謎の男たちに常に見張られるようになります。早朝から自宅の前に立ち、無線機のようなもので誰かと話したり、ゴーン氏にカメラを向けたりしました。彼が車で移動すると、バイクや自動車で追跡します。その状態が毎日続きました。旅行先まで追跡し、同じホテルに泊まって家族の行動を監視しました。

ある時、私は法律事務所ヒロナカの近くに車を停めて監視を続けている人物に直接声をかけました。運転席と助手席にいる30代の二人の男は、私の経験上、明らかに警察官か警察OBでした。「あなたは何者ですか。あなたを雇っているのは誰ですか」。男たちは私の問いかけを無視して車を走らせました。

ゴーンさんの娘たちもこの尾行には恐怖を感じているようでした。弁護団は、自動車やバイクのナンバーをもとに陸運局に車両の所有者を照会しました。そしてそれがあるレンタカー会社のものであることを突き止めました。尾行の日付を特定し、会社に利用者を照会しました。浮上してきたのは、「株式会社日本シークレット・サービス」という会社です。この会社は元警察庁長官や警視総監らが顧問に名を連ねる「VIP身辺警護専門」を謳《うた》う探偵会社であることがわかりました。そして、さらに調査を進めると、日産がこの会社に支払いをしていることがわかりました。

尾行は徐々に激しさを増していきました。あからさまにゴーン氏や子どもたちに近づき、カメラを向けました。彼らがゴーン氏の「身辺警護」をしているのでないことははっきりしています。ゴーン氏や子どもたちは彼らの「つきまとい」による恐怖とストレスを感じていました。われわれは「被告訴人不詳」として、軽犯罪法違反（同法1条28号：不安若しくは迷惑を覚えさせるような仕方で他人につきまとう行為）により、刑事告訴することにしました。

証拠となる写真やゴーン家の人々の陳述などを添えて麻布警察署に告訴状を提出したのは、年の瀬も押し迫った12月27日でした。

最後の日々

2019年11月22日、ゴーン氏は7ヶ月ぶりに、キャロルさんと1時間、法律事務所ヒロナカの彼の部屋で、弁護人立会いのうえで、パソコンの画面を通して会話することができました。繰り返しの申し出に対して、島田一裁判官が初めて許可決定をしたのです。二人はお互いの近況を報告し、最近読んだ本の感想を話し、サンクスギビングの計画などを話しました。あっという間に裁判官が許した1時間が過ぎてしまいました。

われわれはこれをきっかけにして、「接触禁止」を少しずつ改善する戦略を立て、12月初旬に2度目のビデオでの接触を実現するべく、許可申請をしました。ところが、島田氏は「職権を発動せず」、つまり「許可しない」という判断をしました。その際、島田氏は「先週会って目的は達しましたよね。もう少し時間を空けて申請してください」、そうわれわれに言いました。島田裁判官にとっての夫婦間の接触とは、ビデオを通して1時間会話することで十分その目的を達するものなのだということがわかりました。結局、2度目の「接触」は、クリスマス・イブまで実現できませんでした。

クリスマス・イブの昼下がり、島田一裁判官が1ヶ月ぶりに認めた妻との1時間のビデオ面会に私は立ち会いました。二人はお互いの子どもたち、親兄弟姉妹その他の親族や友人、知人ひとりひとりの名前をあげながら近況や思い出話を続けました。キャロルさんの運営する慈善団体のクリスマス・イベントの準備など、話題は尽きません。そろそろ制限時間の1時間が経とうとするとき、彼はノートパソコンの画面に向かって言いました。

「君との関係は、子どもや友人では置き換えることはできない。君はかけがえのない存在だ。愛してるよ、Habibi（アラビア語で「最愛の人」という意味）」

私は、このときほど日本の司法制度への絶望を強く感じたことはありません。

「カルロス、とても申し訳ない。本当に日本の制度は恥ずかしい。一刻も早くこの状況を改善するために私は全力を尽くすよ」

返事はありませんでした。彼は私の存在などないかのように、次の予定を秘書と確認していました。

その翌日、東京地裁104号法廷で公判前整理手続がありました。弁護人が証拠開示の進捗状況について検察官に問い合わせ、検察官は「検討する」と答えました。公判が開かれる見通しについては、この日も結局曖昧《あいまい》なままでした。ゴーン氏は私の隣に座って、こうした中身のない事務的なやり取りをただ聞いていました。

そしてこれが、私が彼に会った最後の場面となりました。

(1)詳しくは第6章を参照。

(2)「被告人が常習として長期三年以上の懲役又は禁錮に当たる罪を犯したものであるとき」。この事由に該当すると「権利」としての保釈は認められず、裁判官の「裁量」による保釈しか認められないことになります。

(3)「被告人の氏名又は住居が分からないとき」。これも「権利保釈」の除外事由の一つです。

(4)ゴーン氏が「社宅」として利用していたマンションの契約を会社は解除しました。

(5)旧監獄法（1908年）は、刑事被告人を拘禁すべき監獄は「拘置監」（拘置所のこと）でなければならないとしていましたが（1条1項4号）、例外的に警察の留置場を「監獄ニ代用スルコトヲ得」としました（同条3項）。その結果、ほとんどすべての被告人は起訴の前後を通じて警察留置場（「代用監獄」）に身柄拘束されることになったのです。警察は被疑者をいつでも自前の留置場から呼び出して長時間・長期間の取調べをするという慣行がこうして生まれたのです。国連人権委員会や世界の人権NGOは、この仕組みを"Daiyo-Kangoku System"と呼んで繰り返し批判してきました。私や私の周囲の弁護士たちは私たちの保釈のための「秘策」を少しの自嘲《じちょう》を込めて「代用監獄作戦」と呼んでいたのです。

(6)山下幸夫「ミランダの会vs検察庁：弁護活動に対する批判とその対応」ミランダの会編著『ミランダの会と弁護活動：被疑者の権利をどう守るのか？』（現代人文社 1997）59-66頁。

(7)萩原猛「ミランダの会活動報告④：夫婦喧嘩に弁護士135名」季刊刑事弁護7号（1996）118-119頁。

(8)https://web.archive.org/web/20190130162409/https://www.telegraph.co.uk/news/1491944/Timeline-The-Michael-Jackson-charges.html

(9)「映画『ウルフ・オブ・ウォールストリート』のプロデューサー、資金洗浄容疑で逮捕」https://www.bbc.com/japanese/48878488?SThisFB&fbclid=IwAR0rdCii-WhNJHv2-Cew_hz1812T7kAFuyvN_Sm5NxR9Uo7vko6qlDRVd0M

(10)高野隆「香港の保釈制度」刑事裁判を考える：高野隆@ブログ http://blog.livedoor.jp/plltakano/archives/65962173.html その後、中国本国の香港司法への介入が激しさを増し、保釈の運用は日本並みに厳しいものになってしまいました。２０２０年８月には保釈が認められたアグネス・チョウさんやジミー・ライさんたちは、同年12月には中国本国から派遣された裁判官によって保釈を却下されてしまいました。

(11)接見の際の本人の報告によります。休憩時間が不明なため休憩時間込みの時間を計上している日もあります。

(12)その詳細は第４章で紹介します。

第3章 「取調べ受忍義務」

「取調べ受忍義務」を作り出した「但書の但書」、

この章では、第1章でも人質司法の背景の一つとしてあげた「取調べ受忍義務」について、詳しく説明します。

刑事訴訟法198条1項は次のように言っています――「検察官、検察事務官又は司法警察職員は、犯罪の捜査をするについて必要があるときは、被疑者の出頭を求め、これを取り調べることができる。但し、被疑者は、逮捕又は勾留されている場合を除いては、出頭を拒み、又は出頭後、何時でも退去することができる」。

この規定は、犯罪捜査を行う警察官や検察官が被疑者を呼び出してその取調べ――尋問して供述を得ようとすること――を行うことができることを定めています。同時に、その取調べが任意捜査であること、すなわち、呼出しを受けた被疑者には取調べを拒否する――出頭を拒み、また、一旦《いったん》出頭しても何時でも取調室から退去する――権利があることを確認しています。さて、問題は、この取調べ拒否権を定めた但書のなかに「逮捕又は勾留されている場合を除いては」という留保、いわば「但書の但書」があることです。

日本の警察官や検察官は、この但書の但書は、「逮捕又は勾留《こうりゅう》されている被疑者が、彼らの呼出しに応じて取調室に必ず出頭し、そこに留《とど》まって彼らの尋問を受けなければならないことを意味するのだ」と言います。法律家は、この取調室に出頭してそこに留まって尋問を受ける義務のことを「取調べ受忍義務」と呼んでいます。(1) これまでの章で描写したように、わが国の捜査実務はこのような解釈の下で運営されています。そして、裁判官もこの実務を是認してきました。

たとえば、ある地方裁判所の裁判例は、取調べの初日に黙秘権を行使すると告げた被疑者に対して、その後13日間にわたり取調べを行い、最終的に自白させた検察官について、「黙秘権を侵害していない」と言いました。「被疑者が黙秘権を行使したからといって、捜査機関は直ちに爾後全く取調べることができなくなるものではなく、いやしくも被疑者の供述を強要することとならない限り取調を続行し、或いは日を改めて取調をなすことはなんらさしつかえないと考えられる」というのが、裁判所の判断です。[2] また、別の裁判例は、「逮捕されている被疑者が、犯罪捜査の必要のため、司法警察職員が出頭を要求したのにこれに応ぜず留置場から出房しないときは、**必要最小限の有形力**を用いて、司法警察職員のもとに出頭させることができることは、刑訴法198条1項但書の趣旨により明らか」（強調は引用者）であるとしました。具体的には、房から出ることを拒否している被疑者の両腕を摑《つか》んで持ち上げ、無理やり指紋採取室や写真室に連行することも適法だと言っています。[3]

最高裁判所大法廷の判例も見てみましょう。彼らは、1999年に「身体の拘束を受けている被疑者に取調べのために出頭し、滞留する義務があると解することが、直ちに被疑者からその意思に反して供述することを拒否する自由を奪うことを意味するものでないことは明らかである」と述べています。そのうえで、刑訴法198条1項但書の但書が、身柄拘束された被疑者に取調べ受忍義務を課していると解釈しても、黙秘権を保障する憲法38条1項に違反しないと言いました。[4] さらに、最高裁大法廷は、取調べ中に被疑者が弁護人と会いたいと言ったり、弁護人から被疑者との面会を求めたりしてきても「右接見等を認めると取調べの中断等により捜査に顕著な支障が生ずる場合」には、捜査官が被疑者と弁護人との接見を制限してもよい、そしてそれは、被疑者の弁護権を保障する憲法に違反しないと言いました。[5]

まとめましょう。要するに、日本の裁判官は、①刑訴法198条1項但書の但書は身柄拘束された被疑者に取調べ受忍義務を課している。②この義務を履行させるために実力を用いて被疑者を取調室に強制連行してそこに監禁しても良い。③弁護人の立ち会いもなく、それどころか弁護人と別室で相談することすら制限して、密室の中で被疑者を捜査官は好きなだけ尋問することができる。④それでも、被疑者には答えを拒む権利があるのだから黙秘権を侵害していない、と考えているのです。海外で警察官や検察官や裁判官にこのことを説明すると、彼らは一様に衝撃を受けます。黙秘権を憲法で保障しているのに、どうして捜査官による強制的な尋問が認められるのか、諸外国の法曹には理解できないのです。

60年前の素朴な疑問に答えられない裁判制度

このような反応は60年以上前からありました。司法研修所がフルブライト交換教授として、来日中のアメリカのロー・スクールの教授を招いて日米の刑事手続を比較するセミナーを開いたことがあります。この時招かれた、スタンフォード・ロー・スクールのジョン・B・ハールバット教授は、とても控えめに日本の裁判官たちに次のような疑問を投げかけました。

私は、決して自分の疑問を押しつけるつもりはありませんが、しかしあえてもう一度お伺いしたいと思います。今まで申しましたようなアメリカの判例の動向を背景として考えますと、私は、日本の憲法上の強制による自白を排除する法則と公判前の勾留・取調の手続とを調和させて考えるのに非常な困難を感じるのであります。もし、私が日本の勾留・取調手続を正しく理解しているとしますならば、私には、取調のため長い間勾留しておけるという手続そのものが、実質的には、一種の強制ではないか、との議論も可能なように思われるのであります。(6)

この問いかけに対して、東京地裁部総括判事の横川敏雄《よこかわとしお》は「自白の任意性についてはもう少し裁判所として厳格に解釈する必要があるんじゃないかということは、実践的には非常に感じるのですが、今までの最高裁・高裁の判例で、任意性なしとするには脅迫がある場合とかある程度固まっておりますので、そういう判例の線をはなはだしく逸脱するということは実際上できない」と答えました。(7)

ここで、両者の議論がかみ合っていないことが分かるでしょうか。ハールバット教授は、「逮捕勾留が取調べのために利用されているという制度それ自体が、黙秘権を保障する憲法と調和しないのではないか」という制度論（憲法論）的な疑問を提起したのにもかかわらず、日本の裁判官はそれを理解できず、単なる自白の「任意性」の問題（法律論）として捉《とら》えています。これは、問題の根深さを象徴する出来事と言えるでしょう。日本の刑事裁判官は、刑事手続を憲法的に規制するという発想が極めて希薄であり、刑事訴訟法それ自体が憲法に違反するかもしれないなどとは、夢にも考えたことがないのです。

取調べ受忍義務を課しても黙秘権を侵害していないという大法廷判決の問題は後にもう1度検討しようと思います。いずれにしても、この大法廷判決によって、日本国特有の未決拘禁と取調べの癒着現象は、あらためて「お墨付き」を得たのです。「逮捕した被疑者は自分たちの望む限りいつまでも取調室に留め置いて、好きなだけ尋問することができる」——いまや日本中の捜査官はそのことになんの疑問も感じていません。他方で、逮捕勾留されていない被疑者（「在宅の被疑者」などといいます）は、刑訴法198条1項但書の明文で、「取調べ拒否権」（取調室への出頭を拒否し一旦出頭してもいつでもそこを退去する権利）が保障されています。そうすると、被疑者を取調べたい、どうしてもその供述を得たいと考える捜査官が逮捕状・勾留状を取ろうとするのはごく自然なことです。

しかし、「取調べたい」、つまり供述を確保したいから逮捕状や勾留状を発行してほしい、と裁判官に要求するのではあまりにも露骨すぎます。「供述を得るために身体を拘束する」というのは、憲法が禁止する供述の強制そのものに見えます。繰り返しますが、逮捕や勾留の要件は「逃亡すると疑うに足りる相当な理由」または「罪証を隠滅すると疑うに足りる相当な理由」です。そこで捜査官は、「被疑者の身柄を拘束しなければ関係者と通謀して罪証を隠滅するおそれがある」とか「重大事件であり罪を免れるために逃亡するおそれが高い」などと言って令状を請求するのです。そして、裁判官はほぼ間違いなく令状を発行します。こうして、捜査機関は彼らの「取調べたい」という欲求を満足させることができます。

形骸化する取調べ拒否権

裁判官が簡単に逮捕状や勾留状を発行する、そして、逮捕・勾留された人は取調べ受忍義務を負い、強制的な尋問を受けなければならないということは、逮捕・勾留された人だけの問題ではありません。実は「取調べ受忍義務」という実務は、逮捕・勾留されていない人の権利をも奪っているのです。この実務は法律が明文で保障した在宅被疑者の取調べ拒否権(出頭拒否権・退去権)をも形骸《けいがい》化してしまうのです。仮に、「取調べ受忍義務」肯定派の見解に従ったとしても、在宅の被疑者は、警察や検察から呼出状をもらっても彼らの取調室に行くのを拒否できるはずです。取調べ拒否権があることは、法的には全く疑いがありません。ところが、「金商法違反事件」(第1章ケース②)の加藤さんや「夫婦喧嘩《げんか》事件」(第2章)の川俣さんのように、弁護人が警察に取調べに立ち会いたいという要求をしたところ、これが認められないので出頭を拒否したら、いきなり逮捕されるということが現実に起こっています。

裁判官の多くは、1～2回出頭を拒否するのは許されるが、「五、六回少なくとも三回位」不出頭を繰り返す場合は、「逃亡又は罪証隠滅のおそれが推定できる」などと言って令状の発付を肯定します(8)。最高裁判所の１９９８年の判例を見てみましょう。外国人登録法（当時）が要請する指紋押捺《おうなつ》を拒否したという容疑がかけられた永住資格のある外国人は、警察から任意出頭の要請を受けながら5回にわたってこれを拒否しました。同時に、弁護人を通じて指紋押捺を拒否した理由などを説明した本人の陳述書と被疑者が逃亡しないことを保証する旨の大学教授らの保証書とを提出しています。それに対して、警察官は逮捕状を請求し、これを受けて裁判官は逮捕状を発行しました。最高裁判所はこのいずれも適法だったと判断しました(9)。

「1～2回行使することは許されるが、3回以上行使すると逮捕されてしまう権利」などというものは「権利」の名に値しないでしょう。しかし、恐ろしいことに、こうした法律解釈がこの国では大手を振ってまかり通っているのです。結果として、憲法の黙秘権保障を実効的なものとするために法律が明文で保障した「出頭拒否権」「退去権」という権利は、全く形骸化してしまったのです。

「取調べ要求に必ず応じなければいけない」という異常事態

アメリカの刑事弁護の教科書には、警察から呼出しを受けた人の依頼を受けた場合にまず弁護士がやるべきこととして、「警察に行く必要はありません。私が警察に連絡します。質問されても何も話してはいけない。何にも署名してはいけない」と助言すること、そして警察に対しては「今後は直接自分の依頼人に連絡をするな。依頼人には取調べに応ずる意思はない」旨を伝えることの二つが書かれています。[10] そして、弁護人のこうした要求を無視して、警察が取調べを強行することはありえません。なぜなら、被疑者の取調べ拒否権が憲法上の保障であること、1度取調べ拒否の意思表示をした以上、警察が被疑者を「説得」することは許されないこと、これを無視して取調べを行って供述を得てもそれを裁判で証拠として利用することができない（裁判所は間違いなくその証拠を却下する）ことを警察はよく知っているからです。

これに対して日本では、「警察から呼出しを受けています。どうしたらいいですか」と相談に来る依頼人に対して、出頭拒否や供述拒否を勧める弁護士はほとんどいません。なぜなら、出頭拒否をすることで依頼者が逮捕されるリスクがあるからです。警察に「今後は直接依頼人に連絡するのはやめてほしい」とか「取調べは拒否する」と伝えても、警察は弁護人を無視して直接依頼人に連絡して「説得」を続けて、取調べを強行します。なぜなら、こうした取調べによって得られた供述でも、裁判所は「任意性に疑いがない」と言って証拠に採用するからです。

結局のところ、日本国では身柄拘束の有無に関係なく、警察官や検察官が取調べをしたいといえば、すべての市民はこれに応じなければならないということになります。この国の領土内にいる人は全員、取調べ受忍義務を負っているのです。逮捕されているかどうかに関係なく、警察の要求があれば、彼らの取調室に出頭し、彼らがいいと言うまでそこにとどまって彼らの尋問を受け続けなければならないのです。それを拒否すれば逮捕され、あるいは長期間身柄拘束され、家族とも会えなくなってしまうのです。これが21世紀も20年以上経過した現代において、「自由民主主義陣営」の一翼を担うと自負している日本国の現状なのです。

「但書の但書」はどのような経緯で作られたか

では、取調べ受忍義務の根拠とされる、刑事訴訟法198条1項但書の但書はどのような経緯で作られたのでしょうか。敗戦から3年、いまだ連合国軍（実質的にはアメリカ軍）の占領下にあった1948年の日本でこの法律の制定に関与した人たちは、どのようなつもりでこの条文を作ったのか。彼らは本当に、逮捕勾留された被疑者には捜査官の取調室に留まってその尋問を受ける法的義務があると考えていたのか。それを考えてみたいと思います。

この条文の意味を理解するためには、その半世紀前に遡《さかのぼ》る必要があります。1889年（明治22年）に公布された大日本帝国憲法（明治憲法）には、黙秘権や強制された自白の排除などの権利保障はありませんでした。しかし、刑事手続上の人権保障規定がなかったわけではありません。明治憲法23条はこう定めていました――「日本臣民ハ**法律ニ依ルニ非スシテ**逮捕監禁**審問**処罰ヲ受クルコトナシ」（強調は引用者）。憲法公布直後に発刊された伊藤博文《いとうひろぶみ》『帝国憲法義解』はこう解説しています。

> 本条ハ人身ノ自由ヲ保明ス逮捕監禁審問ハ法律ニ載スル所ノ場合ニ限リ其ノ載スル所ノ規程ニ従ヒ之ヲ行フコトヲ得ヘク［…］必是ノ如クニシテ然後ニ人身ノ自由始メテ安全ナルコトヲ得ヘキナリ［…］各人ノ自由ヲ尊重シテ其ノ界限ヲ峻厳ニシ威権ノ蹂躙スル所タラシメサルハ立憲ノ制ニ於テ尤至重ノ要件トスル所ナリ故ニ［…］審問ノ方法ニ至テハ亦之ヲ警察官ニ委ネスシテ必之ヲ司法官ニ訴ヘシメ弁護及公開ヲ行ヒ司法官又ハ警察官被告人ニ対シ罪状ヲ供述セシムル為ニ凌虐ヲ加フル者ハ重ヲ加ヘテ処断ス[11]

現代の読者に理解できるように要約すると、①帝国議会の協賛に基づいて制定される法律（明治憲法37条）によらなければ、国民は逮捕拘禁されることはなく、また、尋問を受けたり処罰されたりすることはない。②特に、犯罪捜査の過程で警察官に尋問させることは許されず、必ず司法官にこれをさせなければならない。③そうすることで初めて、臣民の人身の自由は保護される、というのです。

この憲法の規定を受けて、帝国議会は翌１８９０年に、刑事訴訟法（「明治刑訴法」）を制定しました。明治刑訴法は警察官や検察官の犯罪捜査権を規定しましたが（46条、47条）、被告人や参考人に対する尋問（法律の表現は「訊問《じんもん》」）は警察官や検察官ではなく、予審判事（裁判所に勤務する裁判官だが、公判ではなく、犯罪の捜査と起訴を行う）の権限としました（93条）。予審判事は、尋問の対象である被告人や参考人（「証人」）に対して召喚状を発行し、彼らが召喚に応じないときは逮捕状（「勾引状」）を発行して、強制的に裁判所に連行して尋問することができました（71条、１１８条）。予審判事が自白を得るために被告人を脅迫したり騙《だま》したりすることは許されませんが（94条[12]）、これはまさに取調べ受忍義務を課したうえでの取調べにほかなりません。明治憲法には黙秘権を保障する条文はありませんでしたから、このことに対する疑問は提起されませんでした。

明治刑訴法において警察官や検事にこの権限がないことは明白でした。しかし現実には、警察官や検事が犯罪捜査の過程で被疑者や参考人を尋問し、その供述を「聴取書」とか「訊問調書」というタイトルでまとめて供述者の署名捺印を得る、ということが慣例として行われていました。そこで、こうした書類が被告人の有罪を認定する証拠として採用できるかということが争われました。

当初、大審院は「現行犯以外の場合に警察官が被疑者や参考人を尋問することは、予審判事の権限を侵す越権行為であり、その結果を記録した聴取書は無効であって、証拠として採用できない」と繰り返し判断しています。(13) しかし、1903年に至り、大審院は、それまでの判例を変更して、警察官が被疑者や参考人を強制的に取調べることは予審判事の権限を侵すものであって許されない（その結果を記録した聴取書に証拠能力はない）が、彼らの「自由任意ノ承諾ニ出タル供述」を得てそれを記録することは「好意上司法警察官ニ犯罪捜査ノ便宜ヲ与ヘタルニ過キス」(14) 適法であり、そうした供述を記録した聴取書を証拠として採用することは許されるとしました。

「自由任意の承諾」によって引き起こされた人権蹂躙問題

こうして、警察官や検事は、被疑者や参考人を強制的に（＝取調べ受忍義務を課して）取調べることは許されないが、彼らの「自由任意の承諾」があれば取調べることができ、その供述を記録した聴取書は刑事裁判の証拠として採用できるということになりました。大審院はこの承諾を警察の犯罪捜査に関係者が「好意上」便宜を与えたものに過ぎず、強制の要素はないと言ったのです。しかし、実際のところ「自由任意の承諾」の境界は曖昧《あいまい》なものでした。この「自由任意の承諾」「好意」によって、被疑者を警察の留置場などに拘禁したうえで長時間の取調べが行われるようになり、さらには文字通りの拷問が行われるまでになりました。

この事態を受けて、弁護士でもある帝国議会の議員たちはこうした「人権蹂躙《じゅうりん》問題」を取り上げました。そこで制定されたのが、大正刑訴法（1922年）です。大正刑訴法は警察官や検事の被疑者に対する尋問権を認めましたが、それは極めて限定的なものでした。すなわち、現行犯として逮捕された被疑者について、警察官は「即時」に（127条）、検事は「24時間内」（129条）に限り尋問することを認めました。しかし、それ以上に尋問する権限は与えず、尋問が必要なときは、予審判事又は判事に尋問を請求しなければならないとしました（255条）。

そのうえで、被疑者や参考人の供述を記録した書類は、「法令ニ依リ作成シタル訊問調書ニ非サルモノ」であって証拠とすることができないと規定しました（343条）[15]。これは、1903年の大審院判例が認めた「自由任意の承諾」に基づいて取調べを行って作成された聴取書の証拠能力を否定するための立法です[16]。また、1925年の大審院判例はこの証拠制限は、大正刑訴法が施行される前に作成された検事聴取書にも適用があるとして、それを採用した有罪判決を破棄しました[17]。さらに、1932年の大審院判例は、検事が現行犯人を受け取った4日後に取調べて作成した訊問調書は24時間の時間制限に違反して無効であり証拠能力がないとしました。[18]

GHQの法律家が見抜いた検察官僚の「思惑」

日本が戦時体制に突入する頃から、司法省の検察官僚は予審制度を廃止して、検察官や警察官に被疑者や参考人に対する強制的な尋問権、さらには逮捕状(「勾引状」)や勾留状などの令状発付の権限を与える、という刑訴法の改正を主張するようになりました。[19]司法省と関係が深い有力な学者もこれを支持しました。[20]当時、弁護士会や議会でしばしば取り上げられていた「人権蹂躙問題」——警察官や検事が被疑者を違法に拘束したうえで脅迫的な取調べ、ときには殴る蹴《け》るの暴行や器具を使った拷問を行って自白を得る——についても、そのようなことが行われるのは検事や警察官に強制的な尋問権が与えられていないからであり、強制権を与えることでこの問題は解消されるのだと主張しました。まるでおもちゃが欲しいと言って泣き喚《わめ》きダダをこねる子どもを黙らせるためには、おもちゃを買い与えれば良いじゃないかというような、「開き直り」みたいな議論です。

このような動きに進展があったのは、1941年です。この年に制定された国防保安法と、同年に全面改定された治安維持法は、それぞれの法が定める犯罪の捜査に関しては、検察官は自らあるいは警察官に命じて被疑者や証人を尋問することができるとしました（国防保安法25条、治安維持法26条）。また、翌1942年の戦時刑事特別法は、すべての刑事事件について、大正刑訴法343条の適用を停止して、検察官や警察官が作成した「聴取書」を刑事裁判の証拠として使うことができるようにしました。しかし、同法は、国防保安法や治安維持法のように、検事や警察官に強制的な尋問権――取調べ受忍義務を課した上での取調べ権――を一般的に与えることまではしませんでした。

その後、敗戦を迎えた日本ですが、刑訴法の改正作業はその直後から司法省内部で始められています。これに関与したのは、ごく一部の検察官僚や「嘱託」と呼ばれる学者だけで、当初はGHQの法律家も関わっていませんでした。彼ら検察官僚が目指したのは、戦前から引き継がれた懸案事項を解決すること――すなわち、「予審制度の廃止」と「検察官・警察官の強制尋問権や逮捕勾留などの強制権の確立」でした。敗戦のわずか2ヶ月後、1945年10月には司法省内に設けられた「司法制度改正審議会」名義で、検事や警察官は「被疑者ノ召喚、勾引、訊問及勾留」（被疑者を呼び出し、それに応じない者の身柄を拘束して尋問すること）をできるようにすることが、制度改革の目標の一つとして掲げられました。(21) その後、司法省刑事局内の「別室」で刑事訴訟法の改正案の立案作業が進められ、1946年8月の第1次案はこう定めました。

検事及び司法警察官は、捜査をするについて強制の処分を必要とするときは、左の処分をすることができる。

1 被疑者を召喚し、勾留し、又は訊問すること[22]

その後、司法省内部の改正作業において、刑訴法の改正案は第9次案まで作られるのですが、この検察官と警察官の強制的な尋問権の規定は、1947年2月の第6次案まで維持されます。

第256条 検察官、検察事務官又は司法警察官は、犯罪の捜査をするについて必要があるときは、被疑者を、召喚し、且つこれを尋問することができる。[23]

司法省は、この第6次案を刑事訴訟法改正案の最終案と考えていました。GHQの承認を得てこの案を帝国議会に提出して成立させ、5月3日の新憲法施行に間に合わせる予定でした。

ところが、この思惑は挫折《ざせつ》します。その具体的な経緯を示す史料は見当たりませんが、予審判事であれ検察官であれ警察官であれ、被疑者を強制的に召喚して尋問するという法律が黙秘権を保障する日本国憲法と整合すると考える、西洋の法律家がいるとは思えません。当時次々に議会に提出される法律案について、司法省の立案担当者と事前協議していたGHQの法律家たちがこの法案の議会提出を承認するとは考えられないのです。

「逮捕又は勾留されている場合を除いては」の真の意味

いずれにしても、刑訴法の改正作業はここで一旦停滞してしまいます。[24]司法省刑事局が第7次案を完成させるのは、日本国憲法の施行から3ヶ月経過した1947年8月です。この7次案では6次案まで存在していた検察官や警察官の強制尋問を認める規定（第6次案256条）は姿を消します。それに代わって次の条文が登場します。

　第256条　検察官、検察事務官又は司法警察官吏は、犯罪の捜査をするについて必要があるときは、被疑者を呼び出し、且つこれを取り調べることができる。[25]

この条文は司法省の最終案である第9次案（172条）まで維持されることになります。司法省はこれを英訳してGHQの法律家と協議することになります。司法省が用意した英文は次のとおりです。

Art. 172. If necessary for the investigation of crimes, a procurator, a secretary of a public procurator's office or a judicial police officer may ***call*** and examine the suspect.[26]（強調は引用者）

司法省は「呼び出す」という日本語を“call”と英訳しました。“call”という動詞には出頭を求める（呼び出す）という意味だけではなく、こちらから呼びかける（連絡する・訪問する）というニュアンスも含まれるのです。これがその後の議論に影響を与えています。

１９４７年10月に第９次案の提出を受けたＧＨＱは検討を開始します。そのうえで、翌１９４８年３月から４月にかけてＧＨＱ民政局の担当者と司法省の担当者との間で協議が重ねられ、次々に修正が施されていきます。民政局の法律家は「プロブレム・シート」（Problem Sheets）と呼ばれる文書を予《あらかじ》め用意して、論点ごとに問題点と勧告する改定案を明示しました。捜査官憲による被疑者取調べについては、「問題点10」（Problem 10）という文書に記載されています。

長期間にわたる研究の結果、民政局は、以下の基本原理が検察官や司法警察官の行う取調べや質問そしてその結果得られた供述の公判手続における利用を規律することを提案する。

１　如何《いか》なる場合においても、検察官または司法警察官は、被告人、被疑者その他の者をして強制的に証言を提供させることはできない。如何なるときでも、検察官または司法警察官の取調べにおいて、質問を受ける者はその場から退去しまたは答えを拒むことができる。

２　検察官や司法警察官は、犯罪捜査に関連する情報を持っている人に連絡して自発的に出頭し質問に答えるよう求めることができる(27)。

このプロブレム・シートに基づいて行われた１９４８年４月17日の協議会の席上で、ＧＨＱ側のトーマス・Ｌ・ブレークモアは「当然の例外」として、「退去」できる被疑者の中には「逮捕状の執行を受けた被疑者は含まない」という提案をします(28)。その理由として、彼は「検察官や警察官の調を受ける者は誰でも断って出て行く権利があるが、強制の処分を受けた被疑者には出て行く権利はないということである」と言いました(29)。その結果、プロブレム・シートの勧告内容は次のように修正されました。

検察官または警察官は、犯罪捜査の過程において、被告人、被疑者または情報を持っていると思われる個人と連絡を取り、質問に答えるよう求めることができる。質問を受けた個人は答えを拒む権利があり、また、逮捕されている場合を除いて、何時でも退席することができる。[30]

その後、この勧告の内容を条文化する過程で対象が「被疑者」に絞られ、退席の権利の例外が「逮捕又は勾留されている場合を除いて」ということになりました。[31] そうして、刑訴法改正案はこう定めることになりました。

第198条　検察官、検察事務官又は司法警察職員は、犯罪の捜査をするについて必要があるときは、被疑者の出頭を求め、これを取り調べることができる。但し、被疑者は、逮捕又は勾留されている場合を除いては、出頭を拒み、又は出頭後、何時でも退去することができる。[32]

「取調べ受忍義務」には根拠がない

当時の検務長官である木内曾益《きうちつねのり》は、国会でこの条文の趣旨を「これは従来、ややもすれば行われがちであった自白の追求を防止し、憲法38条第1項の趣旨に従い、被疑者の人権を保障するため、特に規定を設けたものであります」と説明しています。[33] また、政府委員として法案の逐条説明をした刑事課長の宮下明義《みやしたあきよし》はこう説明しました。

併《しか》しながら被疑者は逮捕又は勾留されておる場合を除いては、出頭を拒み又出頭後何時でも退去することができるという規定を設けまして、検察官、司法警察官等の被疑者の取調は任意的なものであるという趣旨を明らかにしたわけでございます。[…] 従来の刑事訴訟法の実際の運用におきましては、可なり自白を偏重いたしまして、捜査機関も、被疑者の取調に際して、自白を得ることに極力努力した傾きがあったわけでございますが、今後の捜査においては、この198条の規定によりまして、被疑者は出頭も拒むことができまするし、又、出頭後退去することもできまするし、取調側においても、予め供述を拒むことができる旨を告げなければならないということになっておりまするので、今後の捜査は、被疑者の自白を求めることよりも、他の傍証を極力捜査するという方向に変わっていくものと期待いたしております。[34]

国会における審議の全過程を通じて、この条文の但書の但書（「逮捕又は勾留されている場合を除いては」）が、身柄拘束された被疑者に対してだけは、従来の予審判事のように、検察官や警察官に強制的な尋問（取調べ受忍義務を課したうえでの取調べ）を行う権限を与えようとする趣旨であるなどと発言する人は、政府委員も国会議員も含め一人もいませんでした。

こうした立法の経過から明らかなのは次のことでしょう。①司法省が戦前から目論《もくろ》んでいた検察・警察による被疑者尋問権（取調べ受忍義務を課した取調べ権）は、刑訴法改正案の立案作業の途中で放棄された。②そのうえで、司法省はGHQの勧告にしたがって、黙秘権を保障する新憲法と整合するように、捜査官から呼出しを受けた被疑者の出頭拒否権・退去権を明文で定めることにした、ということです。ちなみに、「退去」に相当する英文“withdraw”は「その場を離れること」を意味します。逮捕された被疑者は身柄を確保され自由に動けないので、その場を離れられない、だから「逮捕されている場合を除いて」という「当然の例外」をGHQは提案したのです。

ここまで説明すれば、この「例外」が「身柄拘束された被疑者に限って取調べを受け続けなければならないことを意味するものではない」ことは、自《おの》ずから明らかではないでしょうか。そもそも、GHQの法律家たちは、日本の憲法改正や司法改革の準備作業として戦前の「人権蹂躙問題」についても詳しく調べていました。彼らが、逮捕されている被疑者には取調べ受忍義務があることを指摘するために、「逮捕されている場合を除いて」という一句を挿入したとはとうてい考えられません。

黙秘権の背後にある血塗られた歴史

前述したように、１９９９年の最高裁大法廷判決は、身柄拘束された被疑者に取調べ受忍義務を課したとしても、黙秘権を保障した日本国憲法38条1項に違反しないと言いました。果たして、これは正しい憲法解釈でしょうか。問題の核心は、被疑者を取調室の中に留め置いて、弁護人を排除したうえで連日長時間取調べても「直ちに被疑者からその意思に反して供述することを拒否する自由を奪うことを意味するものでない」という最高裁裁判官の言明にあります。強制的に捜査官の尋問を受けること、つまり捜査官の質問を強制的に聞かせられることは、黙秘権を侵害しないと彼らは考えているようです。狭い部屋で一方的に質問を浴びせられ続けても「供述を拒否する自由」は奪われないというのです。これはわれわれの人としての感覚にマッチしているでしょうか。

この問いに対する回答を得るためには、黙秘権という権利が如何なる経緯で生まれてきたのかを考える必要があります。

日本国憲法38条1項は「何人も、自己に不利益な供述を強要されない」と定めています。

この条文がすべての個人に保障している権利のことを、われわれは「黙秘権」と呼んでいます。この憲法上の保障は、１９４６年の日本に突然ぽんと立ち現れたわけではありません。この権利の背後には、血塗られた長い歴史があるのです。

中世のイギリスには、陪審員が参加して当事者主義的に（訴える者（原告）と訴えられる者（被告）が主張と証拠を出し合い、裁判官や陪審員は第三者として判断をする、ということです）訴訟が行われる幾つかのタイプの裁判所（「コモンロー裁判所」Common Law Courts）の他に、国王の特別の認可のもとに創設された特別の裁判所がありました。その代表的なものは、高等宗務官裁判所（The Court of High Commission）と星室裁判所（The Court of Star Chamber 天井に星型の飾りのあるウェストミンスター宮殿「星の間」で裁判が行われたことから、そう呼ばれました）です。高等宗務官裁判所では宗教上の戒律違反、異端審問などの裁判が行われ、星室裁判所では政治犯や反逆罪などの裁判が行われました。いずれも陪審員はおらず、手続は糾問主義的なもの（原告・被告という二当事者対立構造ではなく、判決を言い渡す裁判官が自ら被告を追及する、江戸《えど》時代の「お白州」のような構造）でした。裁判官が捜査官の役も兼ね、被告人は訴追の内容を明らかにされないまま逮捕され、自白させるために拷問にかけられたりしました。

メアリー１世（在位１５５３〜58）の時代、多数のプロテスタントが高等宗務官裁判所の裁判で異端審問を受けて、火あぶりの刑に処せられました。また、メアリーの異母妹エリザベス1世（在位1558〜1603）の時代には、ピューリタンが弾圧されました。被告人たちは、裁判官から彼らの宗教上の信条や仲間の異端者の存在などについて質問され、宣誓のうえで答えるように命じられました。この尋問手続のことを「職権宣誓」（*Oath Ex Officio*）と呼びます。幾人かの聖職者は、拷問に耐えながら、そしてその身が火に焼かれるのを覚悟の上で、以下のような古い教会律の一節を引用して宣誓することを拒否したのです。

Nemo tenetur prodere seipsum.
「何人も自らを問責することを強いられることはない」

これに対して、コモンロー裁判所では被告人には宣誓を拒否する権利が、不完全ながら認められていました。予《あらかじ》め大陪審による起訴状が被告人の前で読み上げられ、被告人の罪を証明する二人以上の証人が喚問されない限り、被告人は訴追に対して応答する義務はないとされていました。また、被告人は宣誓の上で質問に答える義務もありませんでした。高等宗務官裁判所でも、16世紀末ごろから、異端審問にかけられた聖職者たちは先に引用した教会律に加えて、マグナ・カルタ（1215年）39章を引用し、高等宗務官裁判所の審問手続は

「国の法」(Law of the Land) にも違反すると主張するようになりました。マグナ・カルタ39章は次のように定めています。

いかなる自由人も、その同輩による合法的な裁判によりかつ国の法によるのでない限り、逮捕され、拘禁され、法外放置され、追放され、またはいかなる方法であれ侵害を受けることはない。

黙秘権は「沈黙する権利」ではない

偉大な法律家、サー・エドワード・クック (Sir Edward Coke) は、高等宗務官裁判所や星室裁判所の職権宣誓手続は「国の法」に違反する手続であるとして厳しく批判しました。そのために自らも投獄されたりしました。しかし、徐々に発言力を増していった議会下院は、この立場を支持するようになっていきました。

1637年、23歳のピューリタン活動家ジョン・リルバーン (John Lilburne) は、許可を受けずに扇動的な書物を出版したかどで逮捕されました。彼は高等宗務官裁判所と星室裁判所で繰り返し審問を受けました。何れ《いず》の裁判所においても、彼は「自らを罪に陥れる質問に答えることは、神の法と国の法に違反する」と主張して、これを拒否し続けました。宣誓を拒否し続ける彼は、鞭《むち》打たれながら監獄に引き立てられます。それを見守る群衆に向けて、彼は声を限りに裁判の不正義を訴え続けました。沿道の民衆は、リルバーンに声援を送り彼を励ましました。当時、国王チャールズの政策を批判する声は強く、イギリスは内乱状態でした。新たに招集された議会は、１６４１年、ついに高等宗務官裁判所と星室裁判所を廃止する法案を可決し、国王もこれを裁可しました。

今日「黙秘権」と呼ばれている権利が最初に憲法に記述されたのは、１７７６年のヴァージニア権利章典（The Virginia Declaration of Rights 1776）です。その第８節はこう規定しています——「すべての死刑事件または刑事訴追において、人は［…］彼に対立する証拠を提供することを強要されてはならない」（“［I］n all capital or criminal prosecutions a man［…］nor can he be compelled to give evidence against himself.”）。この権利章典はその他の州にも影響を与え、各州は同様の権利章典を採用しました。そして、合衆国憲法第５修正（１７９１年）はこう定めました——「いかなる刑事事件においても、何人も自己に対立する証人となることを強制されてはならない」（“No person［…］shall be compelled in any criminal case to be a witness against himself.”）、と。

イングランドにおける黙秘権生成の歴史、そして、それを国の基本法として定着させたアメリカの憲法の成文を見れば、われわれが「黙秘権」と呼んでいる権利が単に「沈黙する権利」ではないことは明らかでしょう。それは強制的な宣誓手続――取調べ受忍義務を課したうえでの尋問――を根絶するための制度なのです。

拷問を抜きに語れない日本の刑事裁判の歴史

日本の刑事裁判の歴史も拷問を抜きには語れません。江戸時代の刑事裁判は文字通り自白を追求するための手続でした。「被告人」（訴追を受けている当事者）という観念はなく、裁きを受ける者は最初から「罪人」と呼ばれました。町奉行所のお白州で吟味方与力が罪人を尋問します。罪人が自白（「白状」）すると調書（「口書《くちがき》」といいます）が作られ、本人に読み聞かせて拇印《ぼいん》を押させます。そして、自白が得られない場合は、拷問することが法定されていました。拷問は、「笞打《むちうち》」「石抱《いしだき》」「海老責《えびぜめ》」「釣責《つるしぜめ》」の四種類です。笞打から始まり、順を追って、石抱、海老責そして釣責へと自白するまで拷問が行われました。

幕末の江戸町奉行与力にして、明治維新後1873年（明治6年）まで判事を務めていた佐久間《さくま》長敬《おさひろ》の『拷問実記』という書物に拷問の様子が克明に記されています。「笞打」は、二人の「打役」が交互に囚人を鞭打つもので、「皮肉破れ、血はしり出る。血出れば下男は砂を疵口《きずぐち》にふり掛け、血どめをなし、又其《その》上を打つ」のです。それでも白状しなければ「石抱」が行われます――硬い三角形の角がある台の上に正座させて、その膝《ひざ》の上に石の板を次々に載せていく。「海老責」は、両手を背後で縛り全身を前に屈曲させて両足を顎《あご》と密着させて縛り、そのままの状態で放置する。そして、それでも自白しない囚人は釣責です――手を背後で縛り梁《はり》に釣り下げられ放置されるのです(35)。

明治になってからも拷問は法制度として行われていました。1873年(明治6年)制定の「断獄則例」は、「訊杖《じんじょう》」と「算板《そろばん》」の二種類の拷問を定めています。江戸時代の「笞打」と「石抱」にそれぞれ相当します。

江戸時代において有罪判決は原則として自白がなければ下せないことになっていました。例外的に、自白なしの有罪判決(「察斗詰《さっとづめ》」)が認められる場合がありました。掛かり奉行から老中に伺いをたてて慎重に行われました。明治に入っても1873年の「改定律例」318条は、「凡罪ヲ断スルハ、口供結案(自白のこと)ニ依ル、若シ甘結セスシテ、死亡スル者ハ、証左アリト雖モ、其罪ヲ論セス」として、これを明文化しました。

1873年から1895年までわが国の法律顧問として活躍し、日本の近代法典の整備に偉大な足跡を残したフランス人法学者ボアソナードは、1875年(明治8年)4月、永田《ながた》町の自宅から講義に行く途中、裁判所の建物の中で拷問が行われているのを目撃して衝撃を受けました。当時ボアソナードの生徒の一人であった杉村虎一《すぎむらこいち》らによると、ボアソナードが目撃したのは「一人の犯罪人と思わるる男を角のある横木の上に座らせ、大きな石を三四枚も抱かせて何か訊問しているところ」であり、男は悲鳴を上げていました[36]。

彼は、直ちに当時の司法卿《しほうきょう》大木《おおき》喬任《たかとう》のもとに抗議し、その晩のうちに、司法卿あてに拷問の廃止を力説する書簡を書いたのです。政府は翌1876年6月、「改定律例」318条を改正して「凡ソ罪ヲ断スルハ証ニ依ル、若シ未タ断決セスシテ死亡スル者ハ其罪ヲ論セス」としました。しかし、これは拷問を廃止したわけではありません。自白調書（口供結案）がなくても、他に証拠があれば良いと言っているだけです。わが国が法制度としての拷問を廃止したのはその3年後、1879年のことです。

もっとも、「法制度」としての拷問が廃止されたとしても、事実として拷問がなくなったわけではありません。法律が拷問の種類と方法を定めていないために、よりバリエーションに富んだ拷問が密《ひそ》かに行われるようになりました。小林多喜二《こばやしたきじ》が警察官の拷問で虐殺された話（1933年）は有名ですが、戦前の日本では、警察官、検事、ときには予審判事の手によって拷問ないし自白の強要が行われていました。その道具として、警察は、違警罪即決例による「警察拘留」や行政執行法による「検束」という身柄拘束を利用して、何週間もときには何ヶ月も人を警察の留置場に拘禁して自由に取調べることができました。

帝国弁護士会は、1934年1月、人権蹂躙問題調査実行委員会を組織して調査を行うことに決めました。翌1935年4月、その調査結果を「人権蹂躙の事実」と題して公表しました。そこには全国15地方裁判所管内の警察署、検事局などで行われた30余りの事例が報告されています。その中の一つ「葉山《はやま》署ノ拷問事件」は神奈川県警特高課員が秘密結社の示威運動ではないかと疑った日蓮会の会員を拷問したというもので、未成年の女性まで裸にして殴る蹴る突き飛ばす、タバコの火を押し付けるというような残忍なものでした(37)。

調査では、拷問によって被疑者が死亡した例や、予め備え付けられた「拷問用電気器具」を使用した例なども報告されています(38)。この報告書には検事による拷問や自白強要の例も数例掲載されています。「帝人事件」（１９３７年東京地裁で全員無罪判決）はそのうちの一つです。東京地裁検事局の検事は取調べ中に被疑者に鋏《はさみ》やナイフ、瀬戸物灰皿を投げつけ、拳固《げんこ》で顎を突き上げて、「貴様のような野郎が一高の先輩に居るのは面汚し」とか「この肺病やみ貴様みたいな奴はくたばってしまえ」と怒鳴りつけたりしました(39)。

刑法には「特別公務員職権濫用罪」や「特別公務員暴行陵虐罪」が規定されていて、警察官や検事による不法監禁や拷問は犯罪とされています。しかし、当時は、十分な証拠がありながら不起訴処分になることが多く、現行刑訴法のように、拷問の被害者が検察の不起訴処分に対抗して直接裁判所に審判を求める制度（「付審判制度」）もありませんでした。被害者は泣き寝入りするしかなかったのです。

ＧＨＱが整備した刑事司法の人権規定

戦後わが国を占領した連合国軍総司令部（ＧＨＱ）には、平時には弁護士や法務官として活躍したアメリカの法律家が何人もいました。日本国憲法の原案となった憲法草案（「ＧＨＱ草案」あるいは「マッカーサー草案」と呼ばれています）を起草したＧＨＱ民政局の中心メンバーは、フランクリン・ルーズベルト大統領の下で法務官をしていた法律家たちです。彼らは、本国でルーズベルトの「ニュー・ディール政策」を支えたリベラリストの一派でした。日本国憲法は、当時としては驚くほど詳細な刑事司法に関する人権規定（憲法31～40条）を持つことになりましたが、その功績の大部分は彼らにあります。

そのうちの一人、ＧＨＱ民政局法規課長マイロ・Ｅ・ラウエル中佐は、１９４５年12月6日付で「日本の憲法についての準備的研究と提案」と題するレポートを作成して、幕僚長に提出しています。このレポートの中で彼は、日本の「統治作用の実際を分析した結果、数多くの権限の濫用があったことが判明した。過去20年間、軍国主義者達が政治を支配し、これを彼等の目的遂行に奉仕せしめることができたのは、このような権限の濫用によってである」「裁判所が、天皇の意思の代表者としての裁判官によってではなく、同じく天皇の意思の代表者とされる検察官によって支配されている」と指摘しました。(40)ラウエルは、日本の新しい憲法に盛り込まれるべき項目を詳細に列挙しています。その中で彼は「権限のある裁判所の発した令状なしに、逮捕され、あるいは私宅の捜索を受けることがないこと」「自己に不利益な証言をするよう強制されないこと」「暴力、強制または誘導によってえた自白は証拠として採用しえないものとすること」という項目をあげました。(41)

さらに、ラウエルは、翌１９４６年１月11日付で「私的グループによる憲法改正草案に対する所見」と題する覚書を執筆し、幕僚長あてに提出しました。その中で彼はこう述べています。

日本では、個人の権利の最も重大な侵害は、種々の警察機関、とくに特別高等警察および憲兵隊の何ら制限されない行動並びに検察官（検事）の行為を通じて行なわれた。あらゆる態様の侵害が、警察および検事により、一般の法律の実施に際し、とりわけ思想統制法の実施に際して、行なわれた。訴追されることなくして何ヵ月も何年間も監禁されることは、国民にとって異例のことではなく、しかもその間中、被疑者から自白を強要する企てがなされたのである。訴追されることがないまま拘禁されていることがないようにするための憲法上の保障を要求することが、非常に必要であると考える。

［…］

拷問を禁止する［…］規定に加えて、法執行機関がサード・ディグリーの手段（拷問）を用いることを少なくするため、刑事被告人は自己に不利益な証言を強要されないことを定める規定、および逮捕された場合ただちに弁護人を依頼する権利を認める規定を、憲法に設けることが必要であると考える。[42]

ラウエルは、検事や警察官の横暴の実態を指摘して、それへの対処として憲法上の保障が必要であることを訴えたのです。[43] こうしてGHQ草案の中に、合衆国憲法第5修正がほとんどそのままの形で盛り込まれました。[44] そしてさらに、それまでのわが国の取調べの悪弊から脱却するために、拷問禁止規定と身柄拘束の際には弁護人の援助を受ける権利が与えられるべきことを定めた規定が書き加えられることになったのです。[45]

日本政府はこの草案を少し薄めて「帝国憲法改正案」を作成し、議会に上程しましたが、「黙秘権条項」「拷問禁止条項」そして「弁護人依頼権」に関してはGHQ草案がそのまま政府草案となりました。そして、戦前のわが国の警察や検事や憲兵の取調べの酷《ひど》さを知る議員たちは、黙秘権や拷問禁止規定などを定めるこの憲法草案を積極的に支持しました。自由党の北浦圭太郎《きたうらけいたろう》（弁護士）がその一人ですが、彼は衆議院本会議で次のように演説しました。

この草案には、公務員による拷問及び残虐なる刑罰は絶対にこれを禁じて居ります。

民主主義の今日拷問や残虐なる刑罰を憲法に於《お》いて厳禁致さなければならないということは、洵《まこと》に世界文明国に対して恥ずかしい次第でありますが、戦争以来の憲兵の取調べを見てみますと、やはりどうしてもこの条文は必要であります。殴る、蹴る、打つ位のことは朝飯前、併しながら拷問と云い、残虐なる刑罰と云いまするも、これは元来人の生命身体に対する不法の攻撃であります。私はそれだけでは刑事被告人に対する人権擁護は十分であると信じませぬ。その他に物質上精神上不法の攻撃を加えて、刑事被告人に拷問以上の苦痛を与える。これを禁じなければならぬ。この点につきましてはイギリスの大憲章並びにアメリカ合衆国の憲法に恰《あたか》も符節を合わしたがごとき条文が規定されてあります。(46)

こうして、マグナ・カルタと合衆国憲法の人権保障条項の系譜を明瞭《めいりよう》に受け継いだ日本国憲法は1946年11月3日に制定され、翌1947年5月3日に施行されます。

条文の言葉遊びは歴史を無視している

憲法38条1項の日本語の正文は、「何人も、自己に不利益な供述を強要されない」というものです。これを見たときに、「不利益な供述を強要されない」という部分を非常に狭く考えて、「『強要されない』のは『不利益な供述』であって、『有利な供述』を強要することは憲法に違反しない」「尋問を受けることを強制することは許される」「尋問に対する返答を強要しなければいいのだ」などと言う人もいるかもしれません。

しかし、この解釈が現実を無視した言葉遊びに過ぎないことは、この国の歴史に照らして明らかでしょう。「自由任意ノ承諾ニ出タル供述」「好意上司法警察官ニ犯罪捜査ノ便宜ヲ与ヘタルニ過キス」とされた取調べが凄惨《せいさん》極まる拷問をもたらしたのです。この言葉遊びは、歴史というものを無視しています。中世の高等宗務官裁判所が用いた職権宣誓は、個人をして、誓いに反して嘘をついて命を守るか、真実を述べて火あぶりになるか、宣誓を拒否して拷問を受けるかという「究極の選択」を迫る非人道的な制度でした。これこそが、黙秘権という権利の起源です。宣誓を強制することそれ自体が、個人を窮地に追い詰めるのです。個人に真実を問うこと自体が問題なのです。まさに、個人の生命が問われる裁判の場において、被告自身を自己に対立する証人の立場におくことが悲劇の核心なのです。西欧諸国においても、そして日本国においても、歴史はそうした制度のもたらす悲惨な帰結を赤裸々に示しています。

日本国憲法97条は「この憲法が日本国民に保障する基本的人権は、人類の多年にわたる自由獲得の努力の成果であ［る］」と言っています。ここに言われている「努力」には、憲法がその成果を承継した欧米人のそれだけではなく、この国の国民が体験した凄惨な現実と、その救済のために尽力した先人たちの戦いの歴史も含まれるはずです。

アメリカで義務付けられている「ミランダの告知」

現実の取調べの話に戻りましょう。確かに、取調室に留まって捜査官の取調べを受けることと、捜査官の質問に答えることとを観念的に区別することは可能です。「幾ら繰り返し尋問を受けても、あなたにはじっと黙っている権利がある」と言うことはできます。しかし、取調室の中で尋問のプロである捜査官が延々と繰り返す尋問に曝《さら》されながら沈黙を保つことができる被疑者が一体どのくらいいるでしょうか。そのようなことができるのは、取調室という環境に慣れ親しんだ職業的犯罪者か、驚異的に意思の強い政治的確信犯など、ごく一部の特殊な被疑者に限られるでしょう。普通の人は、狭い取調室の中で捜査官の尋問を受けながら、ただ沈黙していることには耐えられません。

アメリカはこの点について、自覚的です。合衆国最高裁判所は、1966年のミランダ判決において、「被疑者の自由を拘束した状態で行われる取調べには必然的に強制がつきものである」と言いました。そして、そのような状態のなかで被疑者の黙秘権を実質的に保障するためには、次のような手続的安全装置（procedural safeguards）が認められなければならないとしています。

1　取調官は取調べを開始する前に次の事項を被疑者に明確に告知しなければならない。――①沈黙を保つ権利があること、②被疑者が述べたことはいかなるものも裁判所で自己に不利益な証拠として利用されるだろうこと、③取調べに弁護人を立会わせる権利があること、④弁護人を雇う資力がない場合は、弁護人を選任してもらう権利があること。

2　この権利告知が行われた後に、被疑者が任意に、熟慮の上でかつ知的にそれらの権利を放棄したと認められるときには、弁護人の立会いなしに取調べを行うことができる。

3　取調べ前あるいは取調べ中に被疑者が黙秘したいとの希望を示したときは、取調べは中止されなければならない。被疑者が弁護人を要請したときは、弁護人が立ち会うまで取調べは中止されなければならない。

4　以上の手続が履行されたことを証明しない限り、取調べの結果得られた供述を後の公判で証拠として利用することはできない。

この判決後、全米の警察は被疑者を逮捕して彼や彼女から事情聴取しようとするときには必ず右に述べた告知――これは「ミランダの告知」(Miranda warning) と呼ばれています――をしなければならなくなりました。警察官は、この告知を記載したカード（「ミランダ・カード」）を常時携帯し、被疑者を逮捕したときにはこれを被疑者の面前で朗読するのです。この手続は非常にポピュラーなものとなっていて、アメリカの映画やテレビドラマなどにも警察官が「ミランダの告知」をする場面がしばしば登場します。

身柄拘束状態で行われる取調べには、供述を強制する雰囲気がつきものであるという点は、日本でも同じです。第1章でも述べたように、日本では起訴前の身柄拘束期間（23日）をフルに利用して取調べが行われ、時には起訴された後でも取調べが行われます。この強制的雰囲気を除去して、被疑者の黙秘権を実質的に保障するための手続的安全装置は、日本のような国においてより一層必要であるはずです。

日本国憲法は裁判官への引致後の取調べを否定している

ところで、日本国憲法38条2項は「不当に長く抑留［…］された後の自白は、これを証拠とすることができない」と定めています。ここでいう「抑留」とは逮捕 (arrest) のことです。つまり、この規定は「不当に引き伸ばされた逮捕」("prolonged arrest")を利用して得られた自白を、証拠から排除しようとするものです。これは、逮捕した被疑者を「不必要に遅滞することなく」裁判官の前に連れて行かなければならないという伝統的なコモンローのルールに起源を持つ保障なのです。捜査官が被疑者を長時間手元において、彼／彼女を取調べて得られた自白は、証拠から排除されなければならないというルールは、1943年の連邦最高裁判決(マクナブ判決)[47]が確認しました。GHQの法律家はこのルールを日本に取り入れることを意図したのです[48]。

現代の日本において、警察署から最寄りの裁判所まで2日も3日も要するなどということはありえないでしょう。警察の留置場での登録手続にある程度の時間を要するとしても、4～5時間もあれば裁判所に連れてくることはできます。こう考えると、逮捕後24時間以上経過したあとで作成された自白調書はすべて、憲法38条2項によって証拠から排除されなければならないはずです。憲法を起草した人々の意思に忠実な憲法解釈をすれば、そうなるのです。しかし、こうした憲法起草者の意思に忠実な憲法論に立脚する裁判官はいまのところこの国には存在しません。

いずれにしても、被疑者を拘束したら23日間にわたって「取調べ受忍義務」を課したうえ、捜査官が望む限り尋問できるという法律論が、憲法の保障と全く相容《あいい》れない法律論であることは疑問の余地がない、と私は考えています。

(1)取調室に出頭してそこに留まる義務なので「出頭滞留義務」と呼ぶ学者もいます。学者のなかには、198条1項但書（の但書）によって、逮捕勾留された人には「出頭滞留義務」があるけれど、「取調べ受忍義務」はない、などと言う人もいます。ちょっと想像力を働かせれば、これが馬鹿げた区別であることは明らかでしょう。
(2)高松地判1964・5・18下刑集6-5=6-681、685－686頁。
(3)東京地決1984・6・22刑裁月報16-5-504。
(4)最大判1999・3・24民集53-3-514、518頁。
(5)同前。「捜査のため必要があるとき」は警察官や検察官は被疑者とその弁護人との接見を制限できるという刑事訴訟法39条3項は、「何人も〔…〕直ちに弁護人に依頼する権利を与へられなければ、抑留又は拘禁されない」という憲法34条に違反しないとしました。
(6)司法研修所編『日米比較刑事訴訟手続——ハールバット教授セミナー記録』（司法研修所 1961）、131頁。
(7)同前、132頁。
(8)小林充「正当な理由のない捜査官への不出頭を理由とする逮捕の可否」新関雅夫ほか『増補令状基本問題（上）』（一粒社 1996）、108、112頁。

(9)最2小判1998・9・7判タ990-112。

(10)F. Lee Bailey and Henry B. Rothblatt, FUNDAMENTALS OF CRIMINAL ADVOCACY, The Lawyers Co-Operative,1974, pp 42-45; Stephen Hrones and Catherine C. Czar, CRIMINAL PRACTICE HANDBOOK, Lexis, 1996, pp 10-11; Jill Paperno, REPRESENTING THE ACCUSED: A PRACTICAL GUIDE TO CRIMINAL DEFENSE, Aspatore, 2012, p84.

(11)伊藤博文『帝国憲法皇室典範義解』(国家学会 1889)、44-45頁。

(12)「予審判事ハ被告人ヲシテ其罪ヲ自白セシムル為メ恐嚇又ハ詐言ヲ用ユ可カラス」。

(13)大判1892・6・30法律新聞1875-4; 大判1892・11・10裁判粋誌大審院判決例刑事集7-341; 大判1895・10・3大審院刑録1-3-27; 大判1895・10・3大審院刑録1-3-29。

(14)大判1903・10・22大審院刑録9-26-1721、1723-1724頁。

(15)例外的に、供述者が死亡したとき、病気などのために尋問ができないとき、当事者に異議がないときには聴取書を証拠とすることができるとしました。

(16)法曹会編『刑事訴訟法提案理由書』(法曹会 1922年)、211-212頁。

(17)大決1925・1・31大審院刑集4-21、24頁。

(18)大判1932・4・18大審院刑集11-384、394-395頁。

(19)出射義夫『検察制度の研究』(司法省調査部 1939)、312-347頁。出射《いでい》義夫《よしお》は戦後東京地検刑事部長、水戸地検検事正などを歴任しました。

(20)小野清一郎「司法制度革新論」同『法学評論(上)』(弘文堂 1938[初出は1937])261頁。小《お》野《の》は当時東京帝国大学教授、後に東京大学名誉教授。

(21)「捜査機関ノ強制権ノ問題」井上正仁ほか編著『刑事訴訟法制定資料全集：昭和刑事訴訟法編(1)』（信山社　２００１）、11頁。
(22)井上正仁ほか編著『刑事訴訟法制定資料全集：昭和刑事訴訟法編(6)』（信山社　２０１３）、43頁。
(23)同前、５２５頁。
(24)司法省は、ＧＨＱと協議して、「日本国憲法の施行に伴う刑事訴訟法の応急的措置に関する法律」を議会に提出し、３月31日に成立させました。同法は「刑事訴訟法は、日本国憲法、裁判所法及検察庁法の制定の趣旨に適合するようにこれを解釈しなければならない」（２条）などわずか21か条からなる文字通りの応急措置です。
(25)井上正仁ほか編著『刑事訴訟法制定資料全集：昭和刑事訴訟法編(10)』（信山社　２０１５）、32頁。
(26)同前、２５０頁。
(27)井上正仁ほか編著『刑事訴訟法制定資料全集：昭和刑事訴訟法編(11)』（信山社　２０１５）、２０４頁。
原文は次のとおり。

After lengthy study, Government Section suggests that the following basic principles should govern interrogations and examinations by procurators and judicial police officials, and the subsequent use of such testimony in the course of a trial.

1. No procurator or police official may, under any circumstances whatever, compel a person, whether an accused, a suspect, or otherwise, to give testimony. At any time, in the course of any examination by a procurator or judicial police official, the person questioned may withdraw or may refuse to give answers.

2. Any procurator or judicial police official may call upon a person having information relevant to a

criminal investigation to appear voluntarily and answer questions. [...]

(28)同前、289頁。

(29)同前。

(30)同前、338頁。

(31)井上正仁ほか編著『刑事訴訟法制定資料全集：昭和刑事訴訟法編⑿』（信山社2016）、253頁。

(32)同前、418頁。

(33)1948年5月1日衆議院司法委員会、井上正仁ほか編著『刑事訴訟法制定資料全集：昭和刑事訴訟法編⒀』（信山社2016）、56頁。

(34)1948年6月18日参議院司法委員会、井上ほか・前注、420頁。

(35)佐久間長敬『拷問実記』尾佐竹猛ほか編『江戸時代犯罪・刑罰事例集』（柏書房1982）、234-242頁。

(36)杉村虎一述・大谷美隆記「拷問廃止とボアソナード氏の功績(1)」法律及政治6-7（1927）、105、112頁。

(37)帝国弁護士会「人権蹂躙の事実」正義1935年5月号、3-5頁。

(38)同前、16-17頁。

(39)同前、24-27頁。

(40)高柳賢三・大友一郎・田中英夫編著『日本国憲法制定の過程——連合国総司令部側の記録による——I原文と翻訳』（有斐閣1972）、3頁。

(41)同前、6-9頁。

(42)同前、28-30頁。
(43)第38条1項「何人も自己に対立する証言をすることを強制されてはならない」("No person shall be compelled to testify against himself.")
(44)第34条「いかなる公務員によるものであれ、拷問は絶対的に禁止される」("The infliction of torture by any public officer is absolutely forbidden.")
(45)第31条「何人も、直ちに訴追の内容を知らされ、かつ、弁護人の援助を受ける特権を与えられるのでなければ、逮捕されまたは拘禁されてはならない」("No person shall be arrested or detained without being at once informed of the charges against him nor without the immediate privilege of counsel.")
(46)清水伸編著『逐条日本国憲法審議録2』(有斐閣 1962)、762頁。
(47)*McNabb v. United States*, 318 U.S. 332 (1943).
(48)小坂井久「憲法38条2項」憲法的刑事手続研究会編『憲法的刑事手続』(日本評論社 1997)、459、464-466頁。

第4章　接見禁止

世界に例を見ない制度

刑事訴訟法81条は「裁判所は、逃亡し又は罪証を隠滅すると疑うに足りる相当な理由があるときは、検察官の請求により又は職権で、勾留されている被告人と第三十九条第一項に規定する者以外の者との接見を禁じ、又はこれと授受すべき書類その他の物を検閲し、その授受を禁じ、若しくはこれを差し押えることができる」と定めています。第1章で指摘したように、この条文に基づいて、毎年約3万5000人――勾留《こうりゅう》された人の4割――が、警察の留置場に拘禁されたうえ、配偶者、親戚、友人、知人と会うことも手紙のやり取りをすることもできない状態に置かれています。

この決定（「接見等禁止決定」）の要件である「罪証を隠滅すると疑うに足りる相当な理由」とは、「被告人が拘禁されていても、なお罪証を隠滅すると疑うに足りる相当強度の具体的事由が存する場合でなければならない」と言われています。[1] 拘禁施設での弁護人以外の人との面会には施設の職員が立ち会い、職員は面会の内容を記録し、録音したり録画したりすることになっています（刑事収容施設法116条1項）。そして、被告人やその面会の相手方が「暗号の使用その他」によって職員が理解できない発言をしたり、「罪証の隠滅の結果を生ずるおそれのある」発言をしたりしたときは、職員はその発言を制止しまたは面会を停止することができます（同法117条、113条）。また、被告人が発信したり受け取ったりする信書については、刑事施設の職員が検査をすることになっていて（同法135条）、その信書が「罪証の隠滅の結果を生ずるおそれ」があると判断するときは、職員はその発受を禁止したり、該当箇所を抹消したり削除したりすることができることになっています（同法136条、129条）。

こうした厳しい監視をかいくぐって、面会や手紙を通じて検察側証人に偽証を働きかけたり、逃亡計画の相談をしたりすることは、果たしてできるものでしょうか。私の知る限り、未決拘禁されている被告人が面会や手紙で証拠隠滅や逃亡の相談をしたケースなど1件もありません。証拠隠滅が問題となったケースは、職員の立会いのない「秘密接見」が保障されている弁護人[2]や大使館職員などによる場合です。被告人が、職員が立ち会い記録を取っている面会室で、直接面会相手に証拠隠滅を指示したケースなど、見たことも聞いたこともありません。少なくとも、未決拘禁されている人の4割がそうした大胆な行動をとるなどと考えるのは、実態とかけ離れています。

弁護士だけが見ることができない審査資料

それではなぜ、これほど頻繁に接見禁止決定がなされるのでしょうか。それは第一に、接見禁止の審査が極めて検察官寄りの一方的なやり方で行われているからです。接見禁止の請求は勾留の請求と同時に行われるのが普通です。勾留についても、接見禁止についても、請求されたことは被疑者には知らされませんし、請求書が被疑者のもとに送られることもありません。弁護人に意見を求めるということもありません。そして、審査は検察官が裁判官のもとに送りつける「一件記録」によって行われます。一件記録とは、警察官や検察官が作成した捜査書類のことです。その中には被害者とされる人や共犯者とされる人の供述調書、警察官が現場の様子を記録した実況見分調書、科捜研の鑑定書などが入っています。ときには、被疑者が関係者と口裏合わせをしていたという捜査官の報告書や、その関係者なる人物の供述調書が入っていることもあります。

検察官の接見禁止請求書やその請求を裏付ける一件記録という書類は、検察官と裁判官だけが共有するのです。被疑者もその弁護人もその内容を見ることができません。裁判所に閲覧請求をしても「弁護人に閲覧を認める法的根拠がない」などと言って門前払いされます。裁判官はこの一件記録を執務室で読んで接見禁止の要件——警察の留置場や拘置所に身柄拘束をしただけでは防ぎきれないほどの強度の証拠隠滅や逃亡のおそれがあるか——を判断するのです。

そして、この審査は全くの非公開で行われます。法廷で双方の意見を聞いたり証人を尋問したりすることも行われません。それどころか、裁判官は被疑者に会うことすらしません。勾留のために、裁判所の一室で被疑者に会って被疑事実についての「弁解」を聞きますが、それは勾留や接見禁止の審査のために行うものではありません。要するに、被疑者やその弁護人には検察官の接見禁止請求に対して、反論の機会は全く与えられず、適切な反論を行うために当然必要な証拠へのアクセスすら与えられないのです。つまり、検察官と裁判官の間だけで行われる秘密の資料のやり取りで、被疑者のコミュニケーションの自由を全面的に奪う決定がなされるのです。

あまりに漠然としている理由

第二に、法律が定める接見禁止の要件――「逃亡し又は罪証を隠滅すると疑うに足りる相当な理由があるとき」――が、非常に漠然としていて具体性を欠いていることがあげられます。しかも、どの程度の危険性があれば接見禁止を認めてよいのかも、明らかではありません。

先ほど引用したように、1968年の京都地裁の決定は「被告人が拘禁されていても、なお罪証を隠滅すると疑うに足りる**相当強度の具体的事由**が存する場合でなければならない」(強調は引用者)と言っています。そのケースでは被告人が暴力団と「つながり」がある人物であり、逮捕される前に被害者に「このことは取り下げろ」と脅して罪証隠滅工作をしたという事実があったとしても、「被告人らがかつて、そのような行為に出たことの一事をもって、現に勾留されている被告人らに右と同様な行為による罪証隠滅工作をする疑いがあると即断することはできない」として、接見禁止を否定しました(3)。

しかし、このように厳格に考えている裁判官はもはや存在しません。現在の主流派裁判官は、接見への立会いや信書の検査をかいくぐってどのような仕方で証拠隠滅を図るのか、京都地裁がかつて言った「相当強度の具体的事由」を何一つ明らかにできなくても、証拠隠滅の「おそれが否定できない」という程度のことで接見禁止を肯定します。具体的な証拠が何もないのに、「被疑者の供述態度」（事実を否認しているとか黙秘しているということ）や「事案の性質」（共犯者がいるとか組織的な犯罪であるとか）ということだけで、接見禁止決定をする裁判官も少なからずいます。

基本的人権を理解できていない裁判官

さらには、公訴が提起され裁判が始まった後までも、「被告人の無罪主張の詳細が明らかになっていない」という理由で接見禁止を肯定する裁判官もいます。たとえば、第２章で紹介した（私が事務員として雇い入れることで保釈が認められた）アメリカ人青年のケースでは、起訴後に保釈請求をしましたが、何度やっても却下されてしまい、さらに、検察官の請求で第１回公判期日後も、接見禁止が付されてしまいました。この決定に対して抗告を申し立てましたが、東京高裁はたったのワン・センテンスで私どもの申立を棄却しました。以下に引用しましょう。

　本件事案の性質及び内容等に加え、争点と考えられる共謀や覚せい剤を所持する意思の有無について、当事者双方の具体的な主張が明らかでないなどの審理状況をも踏まえると、被告人に自由な接見等を許せば、被告人が罪証を隠滅すると疑うに足りる相当な理由があるとして、第2回公判期日終了まで上記の接見等を禁止した原決定の判断は、接見等禁止の対象から「勤務先の上司」を除外しなかった点を含め、刑訴法81条の解釈を誤った不当なものであるとまではいえない。(4)

接見禁止をした公判裁判所も、これを是認した東京高裁の裁判官も、この事件の被告人が、接見や手紙の授受を通じて――職員による監視や検閲をかいくぐって――誰とどのような証拠をどのように隠滅する「相当な理由」があるのか、何一つ明らかにしませんでした。ここであげられている勤務先の英会話学校の上司と面会することが、どうして証拠隠滅につながるのかも示されていません。ただ一つ明らかなのは、無罪を主張している被告人は、無罪の理由を具体的に明らかにして争点を絞り、検察官の立証活動を容易なものにしなければ、家族や会社の上司や友人、知人と会ったり手紙のやり取りをしたりできなくなるということです。

この被告人はテキサス出身の30代前半の若者でしたが、接見禁止状態がいつまでも続くなかで抑うつ状態になりました。われわれが接見に行くたびにやつれた表情で目に涙を溜《た》めて、自殺をほのめかすまでになってしまいました。幸い、その後保釈が認められ、最終的には無罪判決を得て、いまでは元気に活躍しています。しかし、日頃どんなに快活に暮らし、自殺とは全く無縁な生活をしている人でも、接見禁止状態はその精神に計り知れないダメージを与えるものなのです。日本の裁判官は、接見禁止制度のそうした側面を、ほとんど全く理解していないのではないかと思うことがあります。

私の知る限り、家族との面会を含めあらゆる社会的なコミュニケーションを一律に禁止することを認めている国は、日本以外に存在しません。それは、受刑者を含め被拘禁者の外部交通を一律に禁止すること（*incommunicado*）は、表現の自由や人との交際の自由という基本的人権を侵害するものであり、たとえ「適正な刑事手続のために必要だ」というような正当な目的のためであっても、それを行うことは非人道的であるということが理解されているからだと思います。外部交通の自由が憲法や国際人権法が保障する基本的な権利であることについては後ほど取り上げますが、日本の裁判官には、この人間の尊厳にとってもっとも基本的な権利――人が人であるために必要な最低限の条件――についての理解が足りないのではないかと思います。

接見禁止のルーツを紐解く

ここでもやはり歴史を紐解《ひもと》いてみましょう。接見禁止の沿革を辿《たど》ると、治罪法（1880年太政官布告第37号、1882年1月1日施行）に遡《さかのぼ》ります。治罪法は「密室監禁」という制度を設けました。予審判事は「事実発見ノ為メ必要」と考えるときは、検事の請求または職権で身柄拘束中の被告人を「密室ニ監禁スル」という命令をすることができました（１４３条）。この命令があると、被告人は独房に入れられ、予審判事が特別に許可しない限り、弁護士（代言人）を含む他人と接見したり書類や物を授受したりすることが一切できなくなります（１４４条）。密室監禁は10日間が限度ですが、何度でも更改できました（１４５条）。

密室監禁は明治刑訴法（１８９０年法律第96号、１８９０年11月1日施行）にそのまま引き継がれました。密室監禁の要件である「事実発見ノ為メ必要」とは、治罪法の時代には、被告人による証拠隠滅や通謀を防ぐために必要がある場合と理解されていました[5]。しかし、明治刑訴法時代になると「事実発見ノ為メ必要」とは、予審判事の尋問に対して、頑強に供述を拒む被告人に「事実」を語らせるために必要な場合であると言われるようになりました[6]。

これに対し、主として弁護士の間から「密室監禁は拷問に他ならない」として、その廃止論が起こりました。１８９９年1月、日本弁護士協会評議員会は全会一致で密室監禁の廃止を決議しました。この議案は、磯部《いそべ》四郎《しろう》（弁護士、後に大審院判事、貴族院議員）と原嘉道《はらよしみち》（弁護士、後に司法大臣）が共同で提出し、花井《はない》卓蔵《たくぞう》（弁護士、後に貴族院議員）が提案理由を説明しています。花井は、密室監禁は前時代の遺物であり、「人権を重んずる文明の法律とは両立しえない」と訴えました[7]。また、この制度が自白を強要する道具として濫用されている事実を指摘し、その一つの例として栗本政次郎弁護士が偽証罪によって拘禁され、予審判事によって長期間密室監禁された例をあげました。公判の結果、彼は無罪放免されましたが、密室監禁によって健康を害し、判決後程なくして亡くなりました。(8) 花井はまた、この制度が被告人の無罪推定の権利を侵害することを指摘しました。

別房に一名毎に置いて、予審判事の許可がなければ通信もさせぬ、面会もさせぬ、書類の授受も出来ぬ、物品の授受も出来ぬ、飲食物も監獄署で給する物の外は与えることが出来ぬと云う有様になって居ります。斯《かく》の如き事柄は、私は裁判の確定した刑事の罪人としても随分適当なるやり方ではあるまいと思う。況《いわ》んや刑の決せざる無罪の良民と見なければならぬべき者に対《むか》って斯の如き事をしなければ事実の真相を発見することが出来ぬと云う予審判事ならばそれだけの能力の無いものでありますから、斯の如き予審判事と云うものはやめて、そうして他の者と変えるようにしたら宜《よろ》しいと思うのであります。(9)

不平等条約の改正という国策もあり、政府は密室監禁を「廃止」する刑訴法改正案を提案します。しかし、この改正法（１８９９年）は法律の条文から「密室監禁」という言葉をなくしただけで、その実質はほぼそのまま維持されました[10]。このころから「密室監禁」という呼び名は使われなくなり、代わって「接見禁止」という言い方がされるようになります。

司法省はGHQの勧告を無視した

1922年に制定された大正刑訴法は、接見禁止の要件を「罪証ヲ湮滅《いんめつ》シ又ハ逃亡ヲ図ル虞アルトキ」に改めました（112条）。禁止の内容として、監房を別にするというのを外し[11]、「被告人ト他人トノ接見ヲ禁シ又ハ他人ト授受スヘキ書類其ノ他ノ物ヲ検閲シ、其ノ授受ヲ禁シ若ハ之ヲ差押フルコト」としました。この「他人」の中に弁護人が含まれることも、従来と同じです。ただし、公訴提起後は弁護人と被告人との接見や信書の授受を禁止することはできないとされました（45条）[12]。

その後、日本は敗戦を迎えます。日本国憲法の施行後に、司法省がGHQに提出した刑訴法改正案（1947年10月15日付第9次案）の規定は、大正刑訴法のそれを踏襲したものでした（「裁判所は、罪証を隠滅し、又は逃亡を図る虞《おそれ》があるときは、勾留されている被告人と第37条第1項で規定する者「弁護人または弁護人になろうとする者」以外の者との接見を禁じ、又はこれと授受すべき書類その他の物を検閲し、その授受を禁じ、若しくはこれを差押えることができる」）[13]。

この条文に対して、GHQ側は「罪証を隠滅し又は逃亡を図る虞」の内容を具体的に示すことを要求すべきではないか、(14)さらには「虞」の程度としてより高度なもの（「十分な理由が提出されたとき又は裁判所がその明［ママ］な事実を握っているときは」）を必要とすべきではないか、(15)という勧告を行いました。しかし、司法省側は、要件を具体化するという勧告は無視して、「虞」を「相当な理由」という程度まで要求するという代案を作成し、(16)これが議会に提案され、そのまま現在の条文（「罪証を隠滅し又は逃亡すると疑うに足りる相当な理由があるときは」）になったのです。

結局のところ、弁護人とのコミュニケーションを禁じたり監視することは許されないことになった（弁護人との間の秘密交通権）以外は、接見禁止制度はその要件も効果も１４０年前の「密室監禁」制度と何一つ変わっていません。仮に、ＧＨＱの要求した要件の具体化が実現していたなら、「被告人の供述態度」や「事案の性質」、「争点が明らかになっていない」などといった、抽象的な理由で接見禁止決定が行われるということは無くなったでしょう。

司法省がこの要求を無視した理由は定かではありませんが、私はこう推測します。密室監禁やそれを引き継いだ接見禁止は、被告人を精神的に孤立させ捜査官の言いなりにさせて自白を獲得するのには非常に効果がありました。ＧＨＱと交渉した日本の検察官は、この武器を手放したくなかったのです。

家族とのコミュニケーションの禁止は「必要最小限の制約」か

この点について、アメリカの裁判所はどう考えているのでしょうか。アメリカには連邦においても州においても、そして既決であれ未決であれ、被拘禁者の外界とのコミュニケーションを一律に、かつ全面的に禁止する制度は存在しません。したがって、そのような制度が憲法に違反しないかということが問題になったことはなく、当然判例もありません。アメリカで合憲性が問題となるのは、個別的なコミュニケーションの規制です。たとえば、薬物など[17]の禁制品の持ち込みを防止するために、接触を伴う面会（contact visit）を禁止するとか、[18]薬物を施設に持ち込もうとして発覚した妻との面会を拒否するとか、レイプで服役中でかつ[19]治療プログラムを受けていない囚人を未成年の子どもと面会させないこととかです。こうし[20]た個別的な規制が、表現の自由や出版の自由を保障する合衆国憲法第1修正に違反して無効かどうかが争われるのです。

手紙の検閲が問題となった事件で、合衆国最高裁判所は合憲性審査のための一般的な基準を述べ、その基準が今日でも個別的な制限の合憲性を審査する際に用いられています。その概要を述べると、①刑務所が囚人の手紙を検閲するのは、囚人の表現の自由（合衆国憲法第1修正）に対する制約であると同時に、その手紙の名宛人の表現の自由（表現を受け取る自由）の制約でもある。②したがって、検閲の制限が合憲であるためには、表現を抑圧するという目的とは関係のない、重要かつ正当な政府の目的にかなうものでなければならない。③そうした合憲的な目的として拘禁施設の安全、秩序及び更生に資することが必要である。④そして、制約はこの目的を達するために必要な限度を超えるものであってはならない[21]、というものです。

「証拠隠滅の防止」という「目的」が合憲的な目的であると仮定しても、この目的を達成するために、訴追対象となっている犯罪に一切関わっていない家族とのコミュニケーションを全面的に禁止することが、この目的との間に関連性があるとは思えません。また、これを「必要最小限の制約」、つまり拘禁されている人とともに、その相手方である家族らのコミュニケーションの自由に対する必要最小限の制約と考えることは不可能でしょう。

最高裁の判決と矛盾する現在の実態

翻って、日本です。日本国憲法21条は「集会、結社及び言論、出版その他一切の表現の自由」を保障したうえ、さらに「検閲は、これをしてはならない。通信の秘密は、これを侵してはならない」と定めています。この保障が合衆国憲法に由来することはその制定の過程からも明らかですが、文面だけ見ても、合衆国憲法の何倍も手厚い保障を意図したものとなっています。先にも述べたように、刑訴法の接見禁止規定は「罪証を隠滅し又は逃亡すると疑うに足りる相当な理由があるときは」という極めて漠然とした要件、しかも、その要件を立証するための審査方法も定めていませんし、立証の程度も定めていません。このような曖昧《あいまい》な方法による表現の自由に対する制約が合憲だとするならば、憲法の保障は全く無意味であるとしか言いようがありません。

接見禁止規定は、既存の最高裁判所の判例の基準に照らしても違憲であると言わざるを得ません。最高裁判所大法廷1983年6月22日判決（よど号ハイジャック記事抹消事件）は、個人には様々な媒体を通じて他者とコミュニケートして、情報を交換し合う権利があるのであり、この基本的な権利を日本国憲法は保障していると宣言しました。

およそ各人が、自由に、さまざまな意見、知識、情報に接し、これを摂取する機会をもつことは、その者が個人として自己の思想及び人格を形成・発展させ、社会生活の中にこれを反映させていくうえにおいて欠くことのできないものであり、また、民主主義社会における思想及び情報の自由な伝達、交流の確保という基本的原理を真に実効あるものたらしめるためにも、必要なところである。それゆえ、これらの意見、知識、情報の伝達の媒体である新聞紙、図書等の閲読の自由が憲法上保障されるべきことは、思想及び良心の自由の不可侵を定めた憲法一九条の規定や、表現の自由を保障した憲法二一条の規定の趣旨、目的から、いわばその派生原理として当然に導かれるところであり、また、すべて国民は個人として尊重される旨を定めた憲法一三条の規定の趣旨に沿うゆえんでもあると考えられる。(22)

しかし、この他者とのコミュニケーションの自由は絶対的な権利ではなく、「これに優越する公共の利益のため」に一定の制約を受けることがあると指摘します。(23)そのうえで最高裁大法廷は、こうした制約が憲法に違反しないための基準を設定しました。

未決勾留は、前記刑事司法上の目的のために必要やむをえない措置として一定の範囲で個人の自由を拘束するものであり、他方、これにより拘禁される者は、当該拘禁関係に伴う制約の範囲外においては、原則として一般市民としての自由を保障されるべき者であるから、［…］それは、右の目的を達するために真に必要と認められる限度にとどめられるべきものである。したがつて、右の制限が許されるためには、当該閲読を許すことにより右の規律及び秩序が害される**一般的、抽象的なおそれがあるというだけでは足りず**、被拘禁者の性向、行状、監獄内の管理、保安の状況、当該新聞紙、図書等の内容その他の**具体的事情のもとにおいて**、その閲読を許すことにより監獄内の規律及び秩序の維持上**放置することのできない程度の障害が生ずる相当の蓋然性**があると認められることが必要であり、かつ、その場合においても、右の制限の程度は、右の**障害発生の防止のために必要かつ合理的な範囲にとどまるべきもの**と解するのが相当である。[24]（強調は引用者）

当然のことですが、未決拘禁を受ける被疑者や被告人も、普通の一般市民と同じ「言論、出版その他一切の表現の自由」を保障されているのです。

しかし、現代の接見禁止制度は、証拠隠滅行為をするという「具体的な事情」――誰との間でどのような証拠をどのように隠滅するリスクがあるのか――を全く明らかにせず、そのリスクが「放置することのできない程度」どころか、単なる「おそれ」あるいは「相当な理由」というような抽象的な蓋然《がいぜん》性しかないのに、「必要かつ合理的な範囲」に限定することなく、親・兄弟・姉妹・夫婦・友人・知人など、あらゆる相手方との間で行われるコミュニケーションを一律に禁止しているのです。この制度が、日本国の最高裁大法廷判決が設定した基準をパスするとは考えられません。

国際法上の問題点

国際法的な観点で見ても、この制度は大いに問題です。日本は1979年に「市民的及び政治的権利に関する国際規約」を条約として批准しました。したがって、わが国はこの国際規約（「自由権規約」）を誠実に遵守しなければなりません（憲法98条2項）。「誠実に遵守」とは、規約に定められた事項を国際社会が受け入れるような仕方で日本の国内法として履行するということです。自由権規約が保障する基本的な人権についての国際社会の理解の水準から考えて、わが国の接見禁止というシステムは明らかに条約違反である、と私は考えます。

自由権規約17条1項は次のように定めています――「何人も、その私生活、家族、住居若しくは通信に対して恣《し》意《い》的に若しくは不法に干渉され又は名誉及び信用を不法に攻撃されない」。続けて、同条2項は「すべての者は、1の干渉又は攻撃に対する法律の保護を受ける権利を有する」としています。

自由権規約の条文を強制力をもって解釈する裁判機関は、いまのところ存在しません。[25] しかし、自由権規約は18人の委員で構成する「人権委員会」（Human Rights Committee）を設け（28条）、委員会（規約人権委員会）は、締約国が定期的に提出する人権状況に関する報告書を検討するほか、規約に関する「一般的意見」（general comments）を締約国や経済社会理事会に提出することができます（40条4項）。さらに、規約上の義務を履行していないとの他の締約国からの通報があった場合に、委員会がその通報を受理して検討する権限を認める旨の宣言をした締約国について、そうした通報（国家間通報）が行われた案件について、審査して見解を表明することができます（41条）。そしてさらに、自由権規約の第1選択議定書（First Optional Protocol）に参加した締約国については、個人が委員会に対して規約違反の通報を行うことができ（個人通報）、委員会は審査して見解（view）を表明することができます。[26]こうした手続を通じて表明された規約人権委員会の見解は、国際社会が受け入れた法解釈ということができます。

人権に関して、もっとも基本的な規律である世界人権宣言は、家族を「社会の自然かつ基礎的な集団単位であ［る］」と言いました（世界人権宣言16条3項）。自由権規約が「家族」（family）を「私生活」（privacy）や「住居」（home）、「通信」（correspondence）と並べて、政府によるそれへの「干渉」（interference）から保護しようとしているのは、偶然ではありません。これらが私的で親密な空間、政府や他人から干渉を受けない秘密の領域として確保されることは、人間にとって重要な意味をもつ概念です。そうした秘密の領域がなければ人間性は破壊されてしまうでしょう。これらの領域は人間の尊厳を確保するうえで欠かせないものです。家族とのコミュニケーションを制限することは、ここにいう「私生活、家族、住居若しくは通信」に対する「干渉」にあたります。自由権規約は締約国政府がそうした干渉を「恣意的に」（arbitrarily）行うことを禁止しているのです。では、「恣意的」とはどういう意味でしょうか。

これまで規約人権委員会が「恣意的な干渉」の意味について見解を表明したことが何度かあります。たとえば、１９８８年の一般的意見は「締約国の法に定められた干渉であっても、規約が定める条項やその趣旨及び目的に従ったものでなければならず、いかなる場合においても、当該具体的な状況のもとで合理性の認められるものでなければならない」と述べています(27)。

また、２０１８年1月に規約人権委員会はN・K対オランダ事件において見解を表明しています。これは粗暴な言動と窃盗を行ったとして少年裁判所の裁判官に36時間の社会奉仕を命じられた15歳の少女に対して、有罪宣告を受けた個人に強制的なDNAサンプルの採取を認める「DNAテスト法」に基づき、警察官が強制的に彼女の口腔《こうくう》内細胞の採取を行ったことが、自由権規約17条が禁じる「プライバシーに対する恣意的な干渉である」として、規約人権委員会への個人通報がなされた事件です。委員会はこれまでの先例を整理して、「恣意的な干渉」の意味をこう説明しました。

> 恣意性という概念には、不適切さ（inappropriateness）、不正義（injustice）、予測可能性（predictability）や法の適正手続（due process of law）の欠如という要素のほか、さら

に、合理性（reasonableness）、必要性（necessity）そして比例性（proportionality）の要素の欠如も含まれる。プライバシーの保護が社会において相対的なものにすぎないとしても、適格な公的機関が個人の私生活に関する情報を得ることができるのは、そうした情報が、規約が理解する民主主義的な社会の利益のために必須《ひっす》と言える場合のみである。規約に沿った干渉であっても、そうした干渉が許される正確な状況について関連する法規によって詳細に定められなければならない。そうした正当な干渉を利用する決定は、法が定める機関のみによって、かつ、個々の事案ごとになされなければならない。(28)

そして、委員会は、「[オランダ]国内法上は適法であるとはいえ、中立人のプライバシーに対して行われた本件干渉は、深刻な犯罪の予防と捜査という正当な目的とは比例していなかった」と述べて、規約17条違反を認定しました。(29)

また、規約人権委員会は、カナダで生まれ育ったインド人の青年が、重罪によって服役後にインドへの退去強制を命じられたことが、家族生活に対する恣意的な干渉にあたるかどうかが問われた事件（ディパン・バドラコッティ対カナダ）において、先に引用した基準を適用して、こう述べました。「家族生活に対する具体的な干渉が客観的に正当化されるかどうかを評価するための適切な考慮要素は、一方において、締約国がその個人を排除する理由の深刻さであり、他方においては、その排除の結果として家族とそのメンバーが直面するであろう困難の程度である」[30]。そのうえで、①中立人がカナダで育ち、国籍のあるインドとの接点がほとんどないこと。②親しい家族が皆カナダで暮らしていること。③彼一人をインドに強制退去させた場合、他の家族がインドを訪れるなどして再会する可能性はほとんどないこと。④他方で２００９年と２０１０年に2度罪を犯したが、釈放されて以降は罪を犯しておらず、再犯防止のために国外退去させる必要性はさほど大きくないことなどを考慮して、家族生活への恣意的な干渉であるとしました[31]。

こうした先例から考えて、日本の接見禁止制度はまさに自由権規約が禁止するプライバシーや家族生活に対する恣意的な干渉そのものであると言わざるを得ません。そうではない、「日本は決して中世ではない、刑事司法の分野ではもっとも進んだ国の一つだ、笑うな！黙れ！」[32]というのであれば、政府は自由権規約41条の宣言をして、第1選択議定書に参加したら良いでしょう。

(1)京都地決１９６８・６・14判タ225-244、浦和地決１９９１・６・5判タ763-287。
(2)弁護士のなかには、「弁護人になろうとする者」として勾留されている被告人と立会のない接見をして、メッセンジャーとして外部の人間（ときには勾留されている別の被告人）とのコミュニケーションを媒介することを生業《なりわい》とするような人がいます。こういう弁護士は「鳩」とか「鳩弁」と呼ばれて蔑《さげす》まれています。懲戒請求されたり刑事訴追されたりして資格を失う例もありますが、なかなかなくなりません。接見禁止決定はむしろこうした鳩弁に活躍の場を与えることにすらなっているのです。

(3)京都地決1968・6・14判タ225-244、245頁。
(4)東京高等裁判所第3刑事部2019年2月5日決定（未公刊）。
(5)村田保『治罪法註釈巻4第3編』（内田正栄堂1880）、第2節、井上操『治罪法講義（中）』（知新社1886）、185頁。
(6)井上正一『刑事訴訟法義解（上）』（明法堂1891）、376-378頁（「此処分ハ夫ノ頑梗抗弁ニシテ猥リニ非ヲ飾リ詐術ヲ逞クスル被告人ヲシテ漸ク事実ヲ自白セシムルカ為メニハ最モ効験アル方便ニシテ」）。
(7)日本弁護士協会録事17-1（1899）、4頁。
(8)同前、8頁。
(9)同前、10-11頁。
(10)「予審判事ハ必要ナリト思料シタルトキハ被告人ノ監房ヲ別異シ、他人トノ接見、書類物件ノ授受ヲ禁シ又ハ其書類物件ヲ差押フルコトヲ得」（85条3項）。
(11)監房を別にするのは接見禁止に伴い当然のことなので、条文から削除したということです。法曹会編『刑事訴訟法案理由書』（法曹会1922）、79頁。
(12)禁止されないというだけですから、接見に施設の職員が立ち会い、信書の検閲が行われることは一般の場合と同じです。弁護人との間の「秘密交通権」が認められるのは昭和刑事訴訟法（1948年）になってからです。

(13)井上正仁ほか編著『刑事訴訟法制定資料全集：昭和刑事訴訟法編(10)』（信山社　2015）、162頁。

(14)井上正仁ほか編著『刑事訴訟法制定資料全集：昭和刑事訴訟法編(11)』（信山社　2015）、23、31頁。

(15)同前、59頁。

(16)同前、156頁。

(17)*Block v. Rutherford*, 468 U.S. 576（1984）.

(18)*Robinson v. Palmer*, 841 F.2d 1151（D.C. Cir. 1988）.

(19)*Williams v. Tillman*, 734 N.Y. 2d 727（2001）; *Philips v. Thurmer*, 2009 U.S.Dist. LEXIS 46331（W.D.Wis. 2009）.

(20)合衆国憲法第1修正（1791年）：「連邦議会は［…］表現の自由または出版の自由を制限する法を制定してはならない」

(21)*Procunier v. Martinez*, 416 U.S. 396（1974）.

(22)最大判1983・6・22民集37-5-793、796－797頁。

(23)同前、797頁。

(24)同前。

(25)「国連人権委員会」（United Nations Commission on Human Rights（UNCHR）．2006年に人権理事会（Human Rights Council）に改組）と区別するために「規約人権委員会」と訳されるのが一般的です。

(26)日本は41条の宣言もしていないし、選択議定書への参加もしていません。だから、他の締約国が日本に規約違反があると通報することもできませんし、個人が規約違反によって権利侵害をされたという通報を行うこともできません。

(27) HR Committee, General Comment No.16 on Article 17 (The right to respect of privacy, family, home and correspondence, and protection of honour and reputation), 8 April 1988, para 4.

(28) HR Committee, *N.K. v. the Netherlands*, 10 January 2018, Communication No.2326/2013, CCPR/C/120/D/2326/2013/Rev.1, para 9.5.

(29) *id.*, para 9.11.

(30) HR Committee, *Deepan Budlakoti v. Canada*, 29 August 2018, Communication No.2264/2013, CCPR/C/122/D/2264/2013, para 9.6.

(31) *id.*, para 9.7.

(32) ２０１３年５月国連拷問禁止委員会での上田《うえだ》秀明《ひであき》人権人道担当大使（当時）の発言。https://www.youtube.com/watch?v=hkoQjIBA_3U

第5章　「罪証を隠滅すると疑うに足りる相当な理由」

誰のための人質か

さて、これまで随所で指摘してきたように、わが国の刑事司法では、被告人の身柄拘束は検察側に有利な交渉材料として徹底的に利用されています。まとめると、①被告人自身が自白（有罪を認める供述）したり、不利益事実の承認（犯罪事実の一部や犯罪現場にいたことなどを認める供述）をしたりすれば、早期に釈放される。②弁護人が裁判における争点の整理（検察官が証拠によって証明しなければならない事実を絞り込む）に協力したり、検察官請求の証拠書類の取調べに同意したり（証拠能力を争ったり、法廷で証人を反対尋問することを求めたりしない）すれば、保釈される。③逆に、罪を否認したり、争点を絞らずに無罪の主張をしたり、公開の法廷で証人尋問することを要求すれば、身柄拘束は続く。要するに、検察官側の有罪立証に協力すれば、被告人の身柄は解放され、あくまでも非協力の態度をとれば、被告人の身柄はずっと拘束されたままです。この状態は「人の身柄拘束を利用して交渉を有利に進める」という人質の定義にぴったりです。

しかし、通常の「人質」と異なる点が一つあります。たとえば、テロリストは自分で人質の身柄を拘束したり、解放したりします。他方で、日本の人質司法では、身柄拘束で利益を得る当事者である検察官には、身柄拘束の決定権はありません。被告人の身柄を拘束したり、釈放を命じたりする権限があるのは裁判官だけです。

では、なぜ裁判官は検察官による被告人の身柄の利用を簡単に認めるのでしょうか。答えは単純です。裁判官も被告人の身柄拘束によって利益を得ているからです。被告人が自白していれば、裁判はすぐに終わります。被告人が罪を争っていても、争点が絞られ証人が少なければ、公判の時間は少なくて済みます。法廷を開いて審理しなくても、検察官が提供する書類を好きな時間に読んで判決を書くことができます。時間を効率的に使い、事件処理を迅速に行うことができます。被告人が罪を争い、弁護人が公判での証人尋問を原則通り要求すれば、裁判官はその事件の公判審理に多くの時間を使うことになり、他の事件の処理の時間が削られます。だから、裁判官はできるだけ争点を絞り、証拠書類の取調べに同意するように弁護人に迫るのです。

このように、裁判官は被告人の身柄拘束を利用しているのです。それがわかるエピソードを一つ示しましょう。私が弁護士になりたてのころ、保釈請求をして裁判官に面接に行ったところ、裁判官から「第1回公判期日に公訴事実を争わない。証拠書類について全部取調べに同意する予定である」という一筆を書くように要求されたことが複数回ありました。最近の裁判官はそこまで露骨ではありませんが、争点を特定せずに無罪の主張をすると「どの部分を争うのか」「現場にいたことは争わないのか」などと、しつこく「釈明」してくる裁判官や、「書証の一部でも同意しないのか」などと要求してくる裁判官は少なくありません。公判前整理手続で、「日本の刑事裁判では、被告人が無罪を主張するときでも争点を絞り込み、争点に関係ない証拠書類の取調べに弁護人が同意するなどして効率的に訴訟を進めることが伝統的に行われてきた。本件における弁護人の態度はこの伝統に反し、不相当である」などと言って私を叱責《しっせき》した裁判長もいました。

このような発言は、明らかに越権行為です。被告人の憲法上の権利（供述拒否権や反対尋問権など）を侵害する違憲な訴訟指揮ですから、私は裁判長の発言に対してその旨の異議を申し立てます。しかし、若い弁護士はこうした裁判長の叱責に対して、なかなか毅然《きぜん》とした態度を示すことができません。裁判官はそうした若い弁護士に対して嵩《かさ》にかかって強い態度

に出てきます。東京地裁のある裁判長は若い弁護士に向かって「だらだらしてるんじゃないよ！」と怒鳴り散らしました。(1)

要するに、検察官も裁判官も、被告人の身柄拘束を利用することで、それぞれの仕事をやりやすくしようとするのです。被告人から自白を得ること、黙秘権や反対尋問権などの憲法上の権利を放棄させることで、検察官のみならず、裁判官も仕事が楽になるのです。そのための道具として身柄拘束が使われているのです。

もちろん、彼らは「そんなことはない」と反論するでしょう。自分たちは被告人の憲法上の防御権を尊重している、権利行使とは関係なく、「罪証を隠滅すると疑うに足りる相当な理由」があるから、保釈を却下しているに過ぎないのだ、と。そうです。問題はこの言葉にあります。「罪証を隠滅すると疑うに足りる相当な理由」――この甚だ抽象的で幅広い解釈の余地がある言葉がこの国の人質司法を支えるマジック・ワードになっているのです。

被告人が権利を行使すると「罪証隠滅のおそれ」があるとされる

刑事訴訟法は、身柄拘束の要件として「被告人が罪証を隠滅すると疑うに足りる相当な理由があるとき」と述べるだけで、具体的にどんな証拠を、どのように隠滅する可能性が、どの程度あれば良いのかについて、何も定めていません。そのために、この要件は事実上、罪証を隠滅する「おそれ」が多少でも認められれば満たされるという運用になってしまいました。むしろ、被告人の側で罪証を隠滅する可能性が「ない」ということを裁判官に説得しない限り、検察官の要求どおりに勾留《こうりゅう》がなされ、接見禁止が行われ、そして保釈が却下されるということになってしまいます。

罪証隠滅のおそれがないことを裁判官に納得させる手っ取り早い方法は、自白することです。罪を認めるのだから証拠を隠滅するメリットはなく、その動機はない、というふうに裁判官を説得するのです。仮に罪を争う場合でも、争点を絞れば、それだけ証拠隠滅の動機は少なくなります。また、検察官の証拠書類の取調べに同意すれば、証人尋問を行わなくて済みますから、それだけ証拠隠滅の可能性が減ります。多くの弁護人はこのような仕方で裁判官を説得します。しかし、この説得の陰で、被告人は憲法上の権利を失うのです。

これまで取り上げたケースにもあったように、「被疑者の供述態度」(黙秘している・否認している)とか「取調べ未了」(もっと尋問したいことがある)などという状況を捉《とら》えて、裁判官は勾留状を発行したり勾留の延長を認めたりしています。また、「被告人の主張が明らかでない」とか、「検察官の請求する証拠に対する意見が明らかでなく、証人予定者も不明だ」とか、「親族が証人になる予定だ」などという理由で保釈が却下されます。要するに、被告人側の権利行使の姿勢が「罪証を隠滅すると疑うに足りる相当な理由」の根拠とされるのです。このことを正面から認める裁判例もあります(2)。そして、多くの裁判官はそのことに何らの疑問も抱いていません。

しかし、黙秘や否認という供述態度と、証拠隠滅や逃亡という行動との間には相当の距離があるのではないでしょうか。供述態度以外の証拠——たとえば、関係者に供述内容を口頭で指示したり、逃亡計画を示す手紙を発送したり——がないのに、「黙秘している」とか「罪を否認している」というだけで証拠隠滅を疑うのは、論理が飛躍しています。そのような推論は、「否認供述は嘘である」、「黙秘はなにかやましいことを隠しているからだ」というような前提、あるいは予断がない限り不可能です。こうした前提や予断が刑事司法の大前提である無罪推定の原則に明らかに反していることは、言うまでもありません。

前の章で指摘したように、黙秘というのは不起訴処分や無罪判決を獲得するために必要な弁護戦略の一つです。積極的に無罪を示す供述をすることで、捜査機関に弁護側の重要証拠を潰《つぶ》されてしまうということもあります。強大な捜査権限がある訴追側に対抗して、最終的に無罪を勝ち取るためには、できるだけ弁護側の戦略を知られないようにしておく必要があります。また、逆に、捜査の当初から積極的に否認供述をして、被告人側の無罪の理由を捜査訴追側に提示しておくほうが良い事件もあります。その判断は、事件と依頼人ごとに弁護人が決めるべき事柄です。私が捜査の初期から弁護活動をして最終的に無罪を獲得した事件のほとんどは、捜査機関に対して黙秘を続けた事件です。黙秘は「やましいことを隠している」わけではないのです。

そして、黙秘権も反対尋問権も憲法上の権利です。権利を行使したら身柄拘束されてしまうというのでは、権利などないのと同じです。実際、この「罪証を隠滅すると疑うに足りる相当な理由」という要件の拡張解釈の結果、この国における刑事手続上の人権はほとんど形骸《けいがい》化してしまったのです。黙秘権や反対尋問権を実質的に保障するためには、被告人の「供述態度」や検察官請求証拠に対する意見を理由に身柄拘束の継続をすることを禁じなければなりません。

アメリカでは、１９６５年のグリフィン対カリフォルニア事件において、連邦最高裁判所が重要な判断をしています。被告人が黙秘権を行使して証言しなかったことを検察官が最終弁論で激しく非難し、かつ、裁判官が陪審に「被告人が合理的に否定したり説明したりできる証拠や事実について、証言せずあるいは否定も説明もしないときには、陪審はその沈黙の事実から、その証拠が真実であることを示唆する、あるいは、被告人に不利益な推論をすることを考慮することもできる」と説示したことは、被告人の黙秘権を侵害すると判断しました。最高裁は「それは憲法上の特権を行使したことに対する裁判所による処罰である。権利を行使することに高価な犠牲を要求することで特権を切り崩すものである」と指摘しています。[3] 黙秘すること（無罪の理由を説明しないこと）を理由に身柄を拘束することは、単に不利益な推測をすることとは比較にならないほどに、直接的に憲法上の権利を処罰することに他なりません。まさしく、それは憲法上の権利を行使することに高価な代償を要求して、権利を切り崩すものです。

明治・大正時代はどのような運用だったか

ここでもやはり、歴史に立ち返りましょう。現行刑訴法（昭和刑訴法）の勾留の要件や保釈却下事由としての「罪証を隠滅すると疑うに足りる相当な理由」というフレーズは、どのようにして生まれたのでしょうか。その答えを得るためには140年前に遡《さかのぼ》る必要があります。

戦前の日本には法律用語として「逮捕」という言葉はありましたが、「逮捕状」という名前の令状は存在しませんでした。現行犯の場合を除いて、検事にも警察官にも個人を逮捕する権限はありません。検事や警察官が被疑者の身柄を拘束する令状（逮捕状や勾留状）を裁判官に求めるという仕組みもありません。強制的な身柄拘束の権限は予審判事（公判ではなく、犯罪の捜査・起訴を行う裁判官）にしかなかったのです。[4]

捜査を遂げた検事が起訴すると予審が開始されます。治罪法（1880年）では、予審判事はまず召喚状を発行して被告人に出頭を求め、被告人が出頭しない場合に、勾引状（現在の「逮捕状」と同等のもの）を発して強制的にその身柄を裁判所に連れてくることができるというのが原則でした（治罪法１２０条）。しかし、被告人が住所不定あるいは「罪証ヲ湮滅《いんめつ》シ又ハ逃亡スルノ恐アル時」には直ちに――召喚状を出さずに――勾引状を発することができます（１２１条）。予審判事は勾引した被告人を48時間以内に訊問《じんもん》しなければならず、その時間が経過するまでに勾留状を発行しないときには、当然釈放しなければならないことになっていました（１２２条２項）。そして、勾留状は、被告人が逃亡した場合もしくは予審判事の管轄外にいる場合、または被告人が禁錮《きんこ》以上の刑に当たる者と考えられる場合でなければ、発行できないことになっていました（１２６条）。

この時、罪証隠滅のおそれは勾留の要件とはされていませんでした。当時も保釈制度はありましたが、それは権利ではなく、裁判官の裁量でした。したがって、保釈の除外事由というものはありません。保釈された被告人が呼出しを受けながら正当な事由なしに出頭しないとき、その他「取消スコトヲ必要ナリトスル時」には保釈を取消すという規定がありましたが（２１４条、２１６条）、この「保釈を取消す必要がある時」というのが何を指しているのか明文はありませんでした。(5)

明治刑訴法（１８９０年）も、ほぼこれと同様の規定です。すなわち、被告人に罪証隠滅の恐れや逃亡の恐れがあるときに予審判事によって勾引状が発付され（72条）、48時間以内に勾留状が発付されないときは釈放されます（73条2項）。勾留状は禁錮以上の刑に当たる嫌疑があるときか、被告人が逃亡した場合に限り発行されます（75条）。明治刑訴法でも、「罪証隠滅の恐れ」は勾留の要件にはなっていませんでした。保釈は被告人が出頭しないときその他必要なときには取消されます（１５４条、１５６条）。やはり、「罪証隠滅の恐れ」は保釈取消事由としても明示はされていませんでした。

大正刑訴法（１９２２年）も勾引状の発付要件として、「被告人罪証ヲ湮滅スル虞《おそれ》アルトキ」「被告人逃亡シタルトキ又ハ逃亡スル虞アルトキ」をあげました（87条1項2号、3号）。そのうえで、重要な変更点として、勾留の要件を勾引の要件と同じにしました（90条）。つまり、明治刑訴法までは禁錮以上の刑に当たる犯罪の嫌疑があるか、被告人が現に逃亡しているか、逃亡の恐れがあるときに限って勾留できたのに、大正刑訴法は証拠隠滅のおそれを正面から勾留の理由に加えたのです。そしてさらに、大正刑訴法は、保釈の取消事由についても明文で「罪証ヲ湮滅スル虞アルトキ」を規定しました（１１９条）[6]。

ＧＨＱが加えた「罪証を隠滅する虞」という文言

さて、現行法である昭和刑事訴訟法（１９４８年）の制定過程をやや詳しく見ていくことにしましょう。大正刑事訴訟法までは、勾引状や勾留状の発付をしたり、保釈を認めたり、それを取消したりするのは、予審判事の権限でした。そして、捜査機関のイニシアティブで被疑者・被告人の身柄拘束を求める令状を発行する仕組みは、例外的な場合を除いて(7)、ありませんでした。

しかし、戦後の刑訴法の改正作業は、予審制度を廃止する前提で進められました。勾引状や勾留状の発付や保釈に関する決定は、予審判事ではなく「裁判所」、つまり公訴を受理した裁判官が行うのが原則となりました。そして、予審判事ではなく、警察官や検察官の要請で裁判官（公訴を受理した裁判官ではなく別の裁判官）が、起訴前の被疑者の身柄拘束を命じる令状――逮捕状と勾留状――を発行するという仕組み(8)を創設したのです。ただし、その要件は「裁判所」が行う勾留の要件を準用するという構造になりました。

司法省が作成しＧＨＱに提示した刑事訴訟法改正案（１９４７年10月15日）の勾引と勾留の要件には、「罪証を隠滅する虞」という言葉は含まれていません。言い換えると、司法省の提案は、勾引と勾留に関する限り、大正刑訴法の立場を捨てたのです。そして、治罪法と明治刑訴法では勾引の要件として「罪証隠滅」を入れていたのですが、昭和刑訴法改正案は勾引の要件からもそれを取り除いたのです。

第51条　裁判所は、左の場合には、被告人を勾引することができる。
1　被告人が定まった住居を有しないとき。
2　被告人が、正当な理由がなく、召喚に応じないとき、又は応じない虞があるとき。[9]
第53条　裁判所は、被告人が罪を犯したことを疑うに足りる相当な理由があるときは、これを勾留することができる。但し、５００円以下の罰金、拘留又は科料にあたる事件については、被告人が定まった住居を有しない場合に限る。[10]

司法省の刑事訴訟法案は、保釈を被告人の権利として認めました。その除外事由も同時に提案されましたが、そこにも「罪証を隠滅する虞」という文言は含まれていませんでした。

第81条　保釈の請求があったときは、左の場合を除いては、これを許さなければならない。
1　被告人が死刑又は無期若しくは長期10年以上の懲役若しくは禁錮にあたる罪を犯したものであるとき。
2　被告人が常習として同種の罪を犯したものであるとき。

３　被告人を勾留しておかなければ、審判の迅速適正を期することが著しく困難と認められるとき。(11)

しかし、保釈の取消事由には、大正刑訴法と同様に、罪証隠滅の虞が含められました。

第86条第１項　被告人が逃亡したとき、逃亡する虞があるとき、召喚を受け正当な理由がなく出頭しないとき、罪証を隠滅する虞があるとき、又は、住居の制限その他裁判所の定めた条件に違反したときは、裁判所は、決定で保釈又は勾留の執行停止を取消すことができる。(12)

勾引と勾留に関する条文案については、GHQ側からも異論はなく、そのまま政府の改正案となりました。しかし、権利保釈の除外事由については、「審判の迅速適正を期することが著しく困難と認められるとき」という文言について、GHQの担当官ハワード・マイヤースから「証拠を湮滅し、又は審判に支障を生ずる虞があるとき」と修正したらどうかという提案がなされました。(13)その後の協議を経て、政府の改正案に権利保釈の除外事由の一つとして「被告人が罪証を湮滅する虞があるとき」が書き加えられたのです。(14)アメリカの法律家であるマイヤースが、どのような理由で「罪証を隠滅する虞」を保釈を拒否する正当事由にしようとしたのかは不明です。

「罪証隠滅」をめぐる政府・議員・公述人の議論

結局、政府の改正案は、身柄拘束（勾引と勾留）の要件としては「罪証隠滅の虞」を入れませんでしたが、保釈を否定する要件（権利保釈の除外事由と保釈取消し事由）としてそれを入れたのです。国会での審議にあたり、罪証隠滅を身柄拘束の要件にしなかった理由を、政府委員宮下明義（検務局刑事課長）はこう説明しました。

現行法の罪証湮滅及び逃亡、又は逃亡の虞れという事由を被告人の勾引原由とはいたしませんで、被告人が住居不定の場合及び被告人が正当な理由がなく、召喚に応じないとき、又は応じない虞れがあるときと、この二つの事由がある場合にだけ被告人を勾引することができるという建前に改めたのでございます。この意味は、勾引という制度は、要するに審理のために公判廷に被告人の出頭を確保するという制度と考えまして、**証拠湮滅の虞れがあるから勾引するという考え方は止めた**わけでございます。要するに公判期日に被告人の出頭を確保するという制度として勾引の定義を明らかにしたわけでございます。

［…］

次に第六十条の勾留でありますが、［…］現行法のいわゆる勾留理由というものを改めまして、**罪を犯したことを疑うに足りる相当な理由がある場合には被告人を勾留することができる**と、ただ単に犯罪の嫌疑のみを勾留理由といたしまして、その半面、実質的に勾留された被告人の保護を計る意味におきまして、保釈或いは勾留の取消、その他の制度を設けました[15]［…］。（強調は引用者）

この説明ははなはだ不完全なものです。特に犯罪の嫌疑だけで勾留ができるとした点は、逃亡のおそれを理由とする勾引が先行していることを無視していてミスリーディングです（それが議員たちの反発を招きました）。しかし、被疑者・被告人の身柄拘束の目的を公判廷への出頭の確保に純化しようとしたことは明らかでしょう。そしてその背景にＧＨＱの法律家を通じて得られたコモンローの思想があることも明らかだと思います。

これに対する反応としては、まず勾引の要件から罪証隠滅を削除したことについては、異論はありませんでした。しかし、犯罪の嫌疑のみに基づいて勾留を認める点については異論が出されました。議員の質疑に入る前に、公述人宮城實《みやぎまこと》（日本大学講師）は、大陸法では

「逃走と証拠湮滅」が勾留理由となっていると言って、犯罪の嫌疑だけで勾留を認める政府案に反対しました。[16]一方で、公述人青柳盛雄《あおやぎもりお》（弁護士）は、嫌疑だけで勾留することに反対すると同時に、「罪証隠滅の虞」を理由とする勾留にも反対しました。

私はやはり、これは証拠隠滅の虞れがあるということは、勾留原因の中に入れるべきではなく、住居不定とか、逃げるとか、唯一の根拠は、逃げること、逃げられたらどうにもならないから、逃げる虞れがないときは、勾留する必要は絶対にないと言っていいんじゃないか。［…］**勾留原因の中へ証拠隠滅というものを絶対入れるべきでないと思います。**［…］八十九条の第四号ですが、この証拠隠滅の虞れがあるときというやつは、これは実際重大でありまして、これで逃げられた［ママ］ら、保釈は殆んど不可能、一審判決があるまで、即ち一審の終結に至るまでは、これは証拠隠滅ということになつてしまう、［…］**義務的に保釈を認めているこの規定が完全に死んでしまう。**私はこれを恐れているのであります。これは絶対に削除しなければならんと思います。[17]（強調は引用者）

もう一人の公述人坂本英雄《さかもとひでお》（明治大学教授）も、犯罪の嫌疑に加えて勾留理由を具体的に規定すべきと主張したうえで、「罪証隠滅の虞」を入れることに反対しました。

やはり勾留ということは、極めて、人権擁護の問題におきましては基本的な問題でございまするから、やはり抽象的な「罪を犯したことを疑うに足りる相当な理由」というような薄弱なものではなくして、やはり具体的に勾留の原因というものを定めなければ、人権の擁護というものは私は理想的に行われないと思います。尤《もっと》も罪証を湮滅する虞れのあるとき、これを勾留の原因に入れるか、入れないかということにつきましては、私も先程来の公述人の諸氏と同様、これを入れるのは反対であります。これは被告人は自己の被告事件については証拠を湮滅いたしましても、刑法は犯罪にいたしておらない。刑法の上で犯罪にいたしておらないものを訴訟法において勾留原因にするということは、これは甚だ矛盾ではないかと思う。でありますから、**罪証湮滅というものを勾留原因にすることは削除しなければならない**と思いまするが、ともかくも勾留原因は特定せなければならないということを痛切に感じております。(18)（強調は引用者）

青柳と坂本がコモンロー諸国の未決拘禁制度にどれほど精通していたかは分かりませんが、犯罪の嫌疑だけで拘禁を継続することはできないとともに、罪証隠滅を拘禁理由にしてはいけないという発想は先進的なものを感じさせます。

しかし、議員の方は問題の本質を必ずしも捉えていませんでした。彼らは、ともかく犯罪の相当の嫌疑だけでは足りないという部分を強く主張しましたが、青柳や坂本が主張した罪証隠滅を要件とすることの問題性に気付いていませんでした。その代表的な議論が鍛冶良作《かじりょうさく》議員（弁護士）の主張でした。

本法の第一条には基本的人権の保障をもつて眼目とすることを規定しておる。しかるに現行刑事訴訟法よりも、人身をたやすく拘束ができるということになつて、それで一体人権の保障ということが言い得るものでしようか。本法を改正せられる根本趣旨に逆行するものと私は考えざるを得ない。なるほど先ほど来の御答弁で聴きますと、その代り八十九条以下の保釈の制度、もしくは身柄拘束の理由開示の制度等があつて、十分保障しておる。こう言われるが、それは消極的の保障である。何と言つても最初から必要のないものは留《と》めぬということほど大きな保障はない。それを何でもかんでも犯罪の嫌疑さえあれば、あとはどんなことがあろうと留めておく。その代りあとでやるからいいのだということは、基本的人権の保障ということとはたいへんな逆行である。(19)

これに対し、政府委員の木内曾益(検務長官)はこう答えました。

御心配の点はまことにごもつともと私も考えます。しかしながら[…]改正案におきましては、ただちよつと嫌疑があるということだけではだめでありまして、いわゆる「疑うに足る相当な理由」というわくがかかつておるのであります。実際の裁判所の判断といたしましては、従来のような勾留のいたしかたとは非常に変つてくると私どもは確信しておるのであります。従つてこの六十条については、現行刑訴より、人権の保障について退歩しておるとは考えない次第であります。なお、これが実施される暁には、政府当局としても、この点については御心配のないように、十分通牒《つうちょう》等を出してやるつもりでおる次第であります。(20)

要するに政府委員は、われわれは戦前の経験に対して十分に反省している、これからは十分人権に配慮した運用をするので安心して下さい、と言うのです。政府側は、また、犯罪の相当な嫌疑によって勾留するというのはアメリカ法の考え方であり、それを参考にした提案である、アメリカの例を見ても決して現行法よりも人身の保護が薄くなるということにはならないのではないか、と答弁したりもしました。(21)

しかし、議員たちは政府委員の答弁に納得しませんでした。結局、政府提案の60条は犯罪の嫌疑だけで勾留を認めるものであり、現行法（大正刑訴法）の人権保障よりも後退するものだ、という議論が優勢を占めました。犯罪の嫌疑に加えて、「罪証を隠滅すると疑うに足りる相当な理由」を含む修正案が提出され、これが可決され、現行法60条になったのです(22)。

60条に「罪証を隠滅すると疑うに足りる相当な理由」を追加することが議論されるのと並行して、権利保釈の除外事由として提案された「罪証を湮滅する虞があるとき」についても「相当な理由」に改めるべきだという提案がなされました。その経過を議員と政府委員のやり取りを追って見てみましょう。

中村俊夫委員［…］私が最もおそれるのは、やはりこの「被告人が罪証を隠滅する虞あるとき。」という場合です。というのは、御承知の通りこの改正では被告人の黙秘権を強く認めております。従って今より否認事件が続出してくるだろうということが想像されるのです。そうすると今までの取扱いは事件を否認するものは絶対に保釈を許してくれませんでした。それとこの第四号とは相結んで被告人が罪証を隠滅するおそれがあるということにして、許されないようになりはしないか。［…］

野木新一政府委員　[…]　なるほど八十九条第四号におきまして、被告人が罪証を隠滅するおそれがあるときは必ずしも保釈を許さなくてもいいという建前になつておりまして、この運用のいかんによつては、保釈ということはほとんどなくなるだろうという御心配も一応ごもつとものように存じますが、刑事訴訟法の応急措置法の施行された後においては、格別八十九条のような規定がなかつたわけでありますけれども、すでに保釈に対する裁判官の考え方が大分違つておりまして、昔よりも保釈の数がずつと殖えている。従いまして、今度この案によりまして、八十九条のような規定がおかれまするならば、「罪証を隠滅する虞があるとき。」という解釈も、実際の適用面におきましては、ずつと今までと違つてきまして、現行刑事訴訟法当時のような運用には万々なることはないのではないかと思つておる次第であります。(23)

榊原千代委員　[…]　第八十九条の第四号「被告人が罪証を隠滅する虞があるとき。」という規定でございますが、これは裁判官の主観的な判断によるものでございましょうか。お伺いいたします。

野木新一政府委員　判断は主観的と申しましようか、裁判官が判断することになるわけでありますけれども、その判断は少くとも合理的でなければならない。その資料とするところのものは、**だれが見てもその資料に基けば大体罪証を隠滅すると認められる場合**というような場合でありまして、そういう場合においてはある意味で客観的と申せるかと思います。(24)(強調は引用者)

当時の国会議員たちは、「罪証を隠滅する虞」という保釈拒否事由によって、否認事件では保釈が認められない運用になってしまうことを恐れたのです。これに対して提案者である政府当局は、戦後の裁判官はこれまでと違って個人の自由を尊重する考え方になっている、「罪証を隠滅する虞」というのは「だれが見ても大体罪証を隠滅すると認められる」場合のことだから、心配はないと応答しました。しかし、議員たちは政府委員の答弁に満足せず、超党派の修正案を提出して89条4号を「罪証を隠滅すると疑うに足りる相当な理由があるとき」と改めたのです。治罪法から現行刑訴法までの身柄拘束制度と「罪証隠滅」との関係については、一覧表にまとめています(表5-1)。

誰も「人質司法」の誕生を予想しなかった

70年前の国会での議論を見てみると、甚だアイロニカルな感じがします。政府案を説明す

	治罪法（1880年）	明治刑訴法（1890年）	大正刑訴法（1922年）
勾引	○	○	○
勾留	×	×	○
保釈除外事由	＊	＊	＊
保釈取消事由	×	×	○

注：「＊」は権利保釈がないため、「除外事由」もないことの意

⇩

（戦後）予審制度の廃止

⇩

	司法省改正案（1947年10月）	マイヤース提案（1948年3月）	昭和刑訴法案（政府案）（1948年5月）	昭和刑訴法（1948年7月10日公布）
勾引	×	×	×	×
勾留	×	×	×	○
保釈除外事由	×	○	○	○
保釈取消事由	○	○	○	○

表5－1　「罪証隠滅」が身柄拘束の要件に入っているか？

る司法省の役人も、学界から参加した公述人も、そして法案を討議する国会議員もみんな、戦前の身柄拘束の実情を反省して、身柄拘束が行われる状況を合理的に限定しようと考えていたのです。国会議員は犯罪の嫌疑だけで勾留されるというのには納得できずに、「罪証を隠滅すると疑うに足りる相当な理由」という文言を付加することを提案したのです。

70年後の現実を見ると、罪証隠滅を勾留理由に含め

ることに断固反対した青柳盛雄と坂本英雄の意見の鋭さが際立ちます。しかし、政府案はもともと罪証隠滅を身柄拘束の要件から外して、未決勾留を「審理のために公判廷に被告人の出頭を確保するという制度」にしようとしたのです。勾留状を発行する前提として「勾引状」が発行されるのが原則ですから、勾引状の要件である「被告人が定まった住居を有しないとき」「正当な理由がなく、召喚に応じないとき、又は応じない虞があるとき」という状況が前提になるはずです。もしもそれだけでは心配だというのであれば、勾留の要件としてこれを付加する修正をすれば良かったでしょう。政府もそういった答弁をすればよかったと思います。しかし、政府委員の答弁は、嫌疑だけで勾留してもあとから保釈されるから大丈夫だとか、アメリカ法でそうなっているというような説得力のないものでした。そして、彼らのアメリカ法の理解は次に述べるように誤っています。

いずれにしても、昭和刑事訴訟法を提案し国会で説明した司法省の役人たちも、それを議論した国会議員たちも、その70年後に、この文言を根拠にして罪を争ったら勾留され保釈も認められないという人質司法が出現するなどとは夢にも思わなかったでしょう。

海外ではどういう運用か

アメリカやイギリスなどのコモンロー系諸国では、警察官は現行犯でなくても、重罪を犯したと考える合理的な根拠（reasonable grounds）が認められる被疑者を令状なしに逮捕することができます。警察は、逮捕のときから24時間程度の間に、被疑者を起訴するかどうかを決めます。起訴するのに十分な証拠がないと判断するときは、釈放します。その際に、保釈金を積ませて釈放することもあります。これを警察保釈（police bail）と言います。十分な証拠があると考えるときは、起訴するとともに、被疑者の身柄を裁判官の前に連れて行かなければなりません。裁判官は被疑者に逮捕の根拠となった訴追の内容や弁護人の援助を受ける権利、黙秘権などの諸権利を告げて、被疑者の拘禁を続けるか釈放するかの決定を行います。この手続を「最初の出頭」（initial appearance）といいます[25]。第６章で詳しく説明するように、この手続は公開の法廷で行われます。訴追側の申立てで一定の例外が証明されない限り、裁判官は条件を定めて被告人を釈放しなければなりません。

アメリカには50の州に連邦政府を加えた、合計51の司法制度があるのですが、ここではその代表例として連邦の公判前拘禁制度（pre-trial detention）について説明します[26]。釈放か・拘禁かの基準とその手続を定めている制定法が、１９８４年保釈改革法です。原則として、裁判官は被告人自身の出頭約束（personal recognizance）または無担保の出頭保証書（unsecured appearance bond）[27]によって被告人の釈放を命じなければなりません[28]。この約束や保証書だけでは被告人の出頭を合理的に確保できない、あるいは、被告人が他人やコミュニティの安全に危険を及ぼすと判断するときは、裁判官は、条件付きで釈放を命じます。その条件としては、適切な身柄引受人に監督させること、保釈金や担保物の提供、犯罪被害者や証人予定者への接触禁止など、被告人の出頭を確保しかつ他人やコミュニティの安全を確保するのに合理的に必要と考える条件ということになります。(29)

政府側が申し立てる公開のヒアリングにおいて、「いかなる条件によっても被告人の出頭を合理的に確保することができない、あるいは、他人やコミュニティの安全を確保することができない」ことが「明白かつ説得的な証拠によって認められる」ときには、裁判官は被告人を拘禁することを命じます。(30)

被告人が暴力犯罪で訴追を受けており、かつ、①保釈中に死刑または無期若しくは長期10年以上の拘禁刑に相当する重罪を犯した前科があるとき、または、②長期10年以上の拘禁刑に相当する薬物犯罪または銃器犯罪を行ったことを疑う相当の理由があるときには、「いかなる条件によっても被告人の出頭を合理的に確保することができない、あるいは、他人やコミュニティの安全を確保することができない」ことが推定されます。しかし、この推定は反証可能な推定（rebuttable presumption）とされています。(31) 反証可能な推定は、証明責任を転換するものではありません。あくまでも拘禁継続を求める政府の側が、いかなる条件も被告人の逃亡や他者・コミュニティへの危険を防止できないことの証明責任を負います。被告人は、これらの点について反証（逃亡しないことや他人に危害を及ぼさないことを示す証人や証拠）を提出すれば推定を覆すことができます。逆に、反証を提出しなければこの推定によって拘禁が継続されてしまいます。[32]

アメリカの司法統計によると、重罪（殺人、レイプ、強盗などを含む）で逮捕された容疑者の62％は公判開始前に釈放されています。身柄拘束が続く残り38％の内訳を見ると、32％は裁判官が設定した保釈金が用意できないために身柄拘束が続いているのであり、保釈そのものが拒否されるのは６％に過ぎません。[33] 公判前に釈放された人のうち52％は逮捕から１日以内に釈放されています。１週間以内に釈放される人が78％、92％が１ヶ月以内に釈放されています。[34] 第１章で指摘したように、日本では罪を争う被告人が第１回公判前に釈放される可能性は１割しかありません。そして、「第１回公判前」とは１日とか２日という単位ではなく、ときに数ヶ月、場合によっては１年を超えます。

次に、イギリスの場合を見てみましょう。イギリスでも、逮捕された被疑者は、警察署に到着したときから原則として24時間以内に、[35] 警察によって起訴されるかどうか決定されます。起訴されなければ当然釈放されますが、起訴されたとしても、警察保釈によって釈放されるのが原則です。警察が釈放しない場合は、「できるだけ早く、遅くとも次の開廷までに」被告人を裁判官の前に連れて行かなければなりません。[36]

被告人にはこの最初の出頭の際に、保釈される権利があります。(37) 例外は、釈放されたら被告人が以下のいずれかの行動をすると信じるに足りる十分な根拠（substantial grounds）があることについて、裁判所が説得された（satisfied）ときです。それは、①出頭しない、②保釈中に罪を犯す、③証人に干渉するなど、自分に関するものであれ他人に関するものであれ、司法手続を妨害する、の3つです。(38) イギリスに関しては、訴追された人のうち釈放された人の割合や釈放されるまでの拘禁期間に関する統計は見当たりません。(39) ただし、政府の統計によると、毎年逮捕される約104万人のうち拘禁が継続される人は約8万人（7・7％）ということです。(40)

このように、コモンロー系の国では、「証拠隠滅の恐れ」は公判前の拘禁の理由とはされていません。被告人の拘禁の目的は、逃亡の防止とコミュニティの安全の確保です。「証人への干渉」の危険性が拘禁の理由とされることがありますが、それは日本で非常にしばしば保釈拒否の理由とされている「口裏合わせ」とか「自己に有利な供述の働きかけ」とは異なり、証人に危害を及ぼしたり脅迫して証言させないような場合を指します。

以上に対して、ドイツやフランスなど大陸法系の国では、日本と同じように、警察には訴追の権限がなく、訴追権は検察官または予審判事に独占されており、証拠隠滅の防止が拘禁の目的の一つとされています。たとえば、フランスでは「真実発見のための証拠の保全の必要性」とか「共犯者との癒着の防止」とかが公判前拘禁の理由として認められています。[41] そのために、日本と同じように、長期にわたる未決拘禁が問題となっています。フランスはEU加盟国としてヨーロッパ人権条約（１９５０年）を批准しています。同条約５条３項はこう定めています――「逮捕又は勾留された者は誰でも、速やかに裁判官又は法により司法権の行使を認められた官憲の前に連れてこられなければならず、［…］裁判中釈放される権利が与えられなければならない。釈放は裁判への出頭を確保するための条件を付することができる」。条約に基づいて設置されたヨーロッパ人権裁判所は、フランスの未決拘禁制度を条約に違反すると繰り返し判断しているのです。[42]

罪証隠滅防止のための拘禁は憲法上許されるか

日本の人質司法を可能にしているのは、「被告人が罪証を隠滅すると疑うに足りる相当な理由」があるときはその身柄拘束を継続して良いという法律の規定です。私は、そもそもこの理由によって被告人の自由を拘束することは、日本国憲法に違反するのではないかと考えています。そのことを説明しましょう。

現行法の未決拘禁の目的は、被告人が逃亡または証拠隠滅することを防止することです。最高裁判所も「未決勾留は、刑事訴訟法の規定に基づき、逃亡又は罪証隠滅の防止を目的として、被疑者又は被告人の居住を監獄内に限定するものであ［る］」と繰り返し述べています。[43] 問題は、こうした目的によってまだ有罪を宣告されているわけではない被告人の自由を拘束することが、憲法上許されるかということです。この問題については、まだ最高裁判所の判例はありません。いま引用した最高裁判所の判例の一節は、あくまでも現行制度の目的が逃亡と証拠隠滅の防止にあることを述べたものに過ぎません。最高裁判例となった事件の当事者は、未決拘禁制度の目的が「逃亡及び罪証隠滅の防止」にあることを全く争っていませんでしたし、それは争点となっていませんでした。

まず、日本国憲法が個人の行動の自由を保障していることは明らかです。たとえば憲法22条は「移転」の自由を保障していますし、31条は「法律の定める手続によらなければ［…］自由を奪はれ［…］ない」と定めています。そして、34条は「何人も、正当な理由がなければ、拘禁され［ない］」と定めています。

ここでいう拘禁を認める「正当な理由」とは何でしょうか。この条文を提案したのは、戦後日本を占領し、各種の司法制度改革を主導した連合国軍総司令部（GHQ）の法律家たち、すなわちアメリカの法律家たちです。具体的には、GHQ草案31条の"he shall not be detained without adequate cause"を翻訳したのが現行憲法34条です。この経緯から考えると「正当な理由」とは単になにか理由があれば良いというだけではなく、個人の身柄拘束を正当化する「十分な理由」（adequate cause）でなければならないでしょう。刑事被告人は有罪判決を受けるまでは無罪の者と推定されなければならないのですから（世界人権宣言11条1項、自由権規約14条2項）、身柄拘束されていない状態で――それまでと変わらない社会生活を続けながら――裁判を受けることができるというのが原則であって、身体拘束は例外的な措置でなければならないということです。自由権規約も「裁判に付される者を抑留することが原則であってはなら［ない］」としています（9条3項）。

では、例外を正当化する「十分な理由」とは何でしょうか。私は、前章で検討した、家族生活やプライバシーへの政府による「恣意《しい》的な干渉」にあたるかどうかの基準として掲げた要素が、ここでも当てはまると考えます。すなわち、政府による個人の身体拘束が正当化されるためには、以下が必要です。

⑴　目的が正義にかなうものであること
⑵　手段が比例性（目的を達するために必要やむを得ないこと）を保っていること
⑶　基準が明確で濫用の危険がなく、予測可能であること
⑷　適用の手続が適正である（反証・反論の機会が保障されている）こと

この基準にしたがって、証拠隠滅を疑う相当な理由による未決拘禁制度が憲法に違反していないかどうか検討してみましょう。

まず(1)目的が正義にかなうものか、です。真実の発見が刑事裁判の重要な目的の一つであり、証拠の隠滅が刑事裁判における真実の発見にとっての重大な障害になることは明らかです。したがって、「証拠隠滅の防止」という目的は正義にかなったものであると言えます。

では、(2)被告人の身柄を拘束することは証拠隠滅を防止するために「必要やむを得ない」といえるでしょうか。第一に、証拠隠滅を行う可能性があるのは被告人だけではないということです。警察官や検察官も証拠を捏造《ねつぞう》したり、参考人や被告人に虚偽の供述をさせることがあります。そして、前章で指摘したように、関係者同士の口裏合わせをするのは、被告人自身ではなく、メッセンジャー役を務める弁護士（鳩弁）やその他の関係者です。こうした人々は実際に証拠隠滅行為や偽証をしない限り、身柄拘束されることはありません。単に「罪証を隠滅すると疑うに足りる相当な理由」があるというだけで、彼らの行動の自由を制限することはできないのです。しかも、現行刑法上、被告人自身が証拠を隠滅してもそれは犯罪ではありません（刑法104条）。にもかかわらず、被告人の場合だけ、証拠隠滅行為をする「と疑うに足りる相当な理由」があるだけで身柄拘束されるというのは、法の態度として明らかにアンバランスであり、被告人に対する不合理な差別といわなければなりません。

そうすると、刑事裁判における証拠の隠滅を防ぐために被告人の身柄を拘束するというのは、目的と手段が釣り合っていないというべきです。

そして、(3)この基準は濫用の危険性がなく、予測可能だといえるでしょうか。まず「罪証を隠滅すると疑うに足りる相当な理由」という表現は、抽象的で曖昧《あいまい》過ぎます。この言葉の意味を論じた裁判例は、これは単なる抽象的な罪証隠滅の可能性ではなく、「具体的な事実に基礎づけられた蓋然性《がいぜん》」でなければならないと言っています(44)。しかし、先に数々のケースをあげて説明したように、「被告人の供述態度」とか「鑑定未了」というようなことで、証拠隠滅を疑う相当な理由を認める裁判例が無数にあります。要するに、「罪証を隠滅すると疑うに足りる相当な理由」という基準は、裁判官による恣意的な判断に対する歯止めが全くなく、事実上「捜査官の捜査の便宜」あるいは「訴追側の立証活動の便宜」さらには「裁判官の仕事の効率化」に転化する危険が多分にあります。そして、その危険は非常にしばしば現実化しているのです。

最後に(4)この基準を適用する手続はフェアなものでしょうか。裁判官が身柄拘束の決定をする手続が非常に偏っています。手続は非公開であり市民の監視はありません。検察官が裁判官に送付する一件記録に、被告人も弁護人もアクセスできません。情報は検察官と裁判官が秘密裏に共有しているだけです。これでは、拘禁の正当性について、被告人側は意味のあ

る反論や反証はできません。(45)

以上より、「罪証を隠滅すると疑うに足りる相当な理由」を根拠とする未決拘禁は憲法に違反する、というのが私の結論です。「刑事被告人の無罪推定を受ける権利を実質化するために、釈放が原則であり拘禁を例外にする」したがって「例外を認めるためには十分な理由が必要である」という日本国憲法の保障とは相容《あいい》れない制度であると言わざるを得ないのです。

(1)吉田京子「取るに足らない公訴棄却判決」NIBENFrontier、２０１５年10月号、47頁。

(2)京都地決１９７２・８・17判時688-105（「被疑者が自己の犯罪事実等について、終始黙秘しまたは供述を拒否する態度を示したときは、その供述態度等が、他の証拠と相俟《あいま》って、ときに罪証隠滅の存否を決定するうえでの判断資料となりうる場合のあることは免れ難いところである」）。

(3)*Griffin v. California*, 380 U.S. 609, 614 (1965).

(4)大正刑訴法（１９２２年）は、例外として、被疑者が住居不定であるなど一定の要件があり、判事の勾引状を求めることができないときには、検事が自ら勾引状を発行して被疑者の身柄を確保することができると定めました（１２３条）。

(5)「保釈を取消す必要がある時」の例として、罪証隠滅のおそれをあげる見解はありました。磯部四郎

『治罪法』(出版社不明 1880年ころ)、358頁。
(6)ほかに、逃亡したとき、逃亡の虞があるとき、召喚を受けて正当な理由なしに出頭しないとき、住居制限に違反したときが保釈取消事由とされました(大正刑訴法119条)。
(7)前注4参照。
(8)警察官は逮捕状の請求はできますが、勾留状の請求はできません(199条)。勾留状は逮捕した被疑者の身柄を受け取った検察官にしか請求できません(204条、205条)。
(9)井上正仁ほか編著『刑事訴訟法制定資料全集:昭和刑事訴訟法編(10)』(信山社 2015)、159頁。
(10)同前。
(11)同前、163頁。
(12)同前、163-164頁。
(13)井上正仁ほか編著『刑事訴訟法制定資料全集:昭和刑事訴訟法編(11)』(信山社 2015)、24、32頁。
(14)井上正仁ほか編著『刑事訴訟法制定資料全集:昭和刑事訴訟法編(12)』(信山社 2016)、404頁。
(15)第2回国会参議院司法委員会議録第39号(1948年6月10日)、6頁。
(16)第2回国会参議院司法委員会議録第40号(1948年6月11日)、1頁。
(17)同前、4-5頁。
(18)同前、12頁。
(19)第2回国会衆議院司法委員会議録第40号(1948年6月24日)、4頁。
(20)同前。
(21)野木新一法務庁事務官の発言、第2回国会衆議院司法委員会議録第39号(1948年6月23日)6頁。

(22)第2回国会衆議院本会議第79号（1948年7月5日）、74頁。

(23)第2回国会衆議院司法委員会議録第37号（1948年6月21日）、5－6頁。

(24)第2回国会衆議院司法委員会議録第40号（1948年6月24日）、9頁。

(25)アメリカ連邦刑事訴訟規則5参照。拘禁か釈放かの決定については、規則5（d）(3)。

(26)The Bail Reform Act of 1984, 18 U.S.C. §§ 3141-3150, 3156.

(27)裁判所が指定した期日に出頭しなかった場合は一定額を支払うという保証書。

(28)18 U.S.C. § 3141 (a)(1).

(29)18 U.S.C. § 3141 (c).

(30)18 U.S.C. § 3141 (e)(f).

(31)18 U.S.C. § 3141 (e).

(32)David N. Adair, Jr., The Bail Reform Act of 1984, 3rd Ed., 2006, p18.

(33)U.S. Department of Justice, Bureau of Justice Statistics Special Report, State Court Processing Statistics,1990-2004 : *Pretrial Release of Felony Defendants in State Courts*, p2.

(34)*id.*, p5.

(35)最大で96時間まで延長することが可能ですが（1984年警察・刑事証拠法（PACE）、パートⅣ）、ほとんどのケースは24時間以内に処理されます。Ed Cape and Tom Smith, The Practice of Pre-Trial Detention in England and Wales,（University of the West of England, 2016）, p30.

(36)PACE§46（4）. 通常は訴追の翌日に連れて行かれます。Cape and Smith, *id.*, p30.

(37)1976年保釈法（Bail Act 1976,§4（1)(2)）。

(38) Bail Act 1976, Schedule 1,§2.
(39) Cape and Smith, *supra* note 35, p33.
(40) Cape and Smith, *supra* note 35, p32.
(41) フランス刑事訴訟法144条。
(42) European Criminal Bar Association, An Analysis of Minimum Standards in Pre-trial Detention and the Grounds for Regular Review in the Member States of the EU: *France* (2007), pp11-12. https://www.ecba.org/extdocserv/projects/JusticeForum/France180309.pdf
(43) 最大判1983・6・22民集37-5-793、795頁。
(44) 大阪地決1963・4・27下刑集5-3=4-444、山中紀行《やまなかのりゆき》「罪証を隠滅すると疑うに足りる相当な理由」判タ296-138(1973)。
(45) この問題は次章で詳しく検討します。

第6章　拘禁のための手続

ブラックボックスとなっている勾留の手続

これまで「拘禁を正当化する根拠は何か」という問題と、「拘禁された個人をどう取り扱うべきか」という問題を考えてきました。この章では、拘禁はどのようなプロセスで決定されるべきかという問題を考えます。どのような事実が認められる場合に人の自由が政府によって奪われるのか（拘禁の要件）はとても重要なことであることは間違いありません。しかし、それと共に、その事実を誰が、いつ、どのような情報に基づいて認定するのかということ（拘禁決定の手続）も極めて重要なことです。この面でも日本の仕組みはあまりにも一方的でアンフェアなものです。

日本では、被疑者を逮捕した警察官は被疑者を裁判官の前に連れて行くことを義務付けられていません。48時間以内に、裁判官ではなく、同じ捜査機関の一つに過ぎない、検察官の前に連れて行けば良いことになっています（刑事訴訟法203条1項）。そして、被疑者の身柄を受け取った検察官は24時間以内に、釈放するか裁判官に勾留《こうりゅう》請求するかを決定しなければなりません（205条1項）。

勾留の請求を受けた裁判官は勾留すべきか釈放すべきかの判断をどのような手続でするのでしょうか。驚くべきことに、日本の法律にはこの手続を定めた規定が存在しません。わずかに、被疑者の陳述を聴かなければ勾留決定はできない（61条。これを「勾留質問」と言います）、被疑者に弁護人選任権を告げなければならない（207条2項ないし4項）という規定があるだけです。公開なのか非公開なのか、どこに誰が集まって、どのような証拠をどのように調べるのか、何一つ規定がありません。そのために、勾留の決定手続は非常に不明瞭《ふめいりょう》な方法で行われています。実際、何が行われているのかは、勾留決定を行う裁判官とその補助をする裁判所書記官しか知りません。われわれ弁護人にとっても、そして勾留決定の執行を受ける当の本人である被疑者にとっても、勾留の手続はブラックボックスと言って良い状態です。

現在の勾留審査手続は非公開で行われています[1]。というより、完全な密室で行われています。検察官は勾留請求書とともに「一件記録」といわれる捜査書類の束を裁判所に提出します。一件記録は被疑者や関係者の供述調書や実況見分調書、科捜研の鑑定書などですが、すべての捜査書類というわけではありません。裁判官はこの書類の束を読んだうえで、裁判所の中の一室で、書記官立会いの下、被疑者に会います。ここで行われるのは、勾留質問という手続ですが、裁判官は被疑者に訴追の内容（「被疑事実」）を告げて、その弁解を聴くだけです。大体5、6分で終わりです。その場で、あるいはその直後に、被疑者を10日間勾留するという決定を行います。

ここまでの一連の過程に、弁護人が関わることはありません。被疑者にも弁護人にも、検察官の勾留請求書の内容を知る機会は与えられません。検察官が裁判官に提出した一件記録を閲覧することすら認められません。ですから、検察官がどのような理由で被疑者に逃亡や証拠隠滅の危険があると主張しているのか、そしてその主張を支える証拠は何なのか、被疑者もその弁護人も全く知らされないまま、勾留が決定されるのです。

検察官が勾留請求をする段階で、すでに弁護人が選任されていることがあります。そうした場合に、弁護人は勾留裁判官に向けて資料を添え、「依頼人は逃亡する危険も証拠隠滅行為をする危険もないので、勾留すべきではない」という意見書を出すことがあります。しかし、この意見書の効果は限られたものとならざるを得ません。なぜなら、勾留を請求している検察官が、どのような資料に基づいてどのような主張をしているのかを知ることができないので、弁護人が適切な反論・反証をすることが困難だからです。ちなみに、弁護人が裁判官に提出した意見書や資料の方は記録（「身柄記録」）に綴《つづ》られて、検察官は自由にその内容を知ることができます。しかし、検察官が裁判官に提出した一件記録の方は、決して身柄記録に綴られません。だから被告人も弁護人も、裁判官の勾留判断の中核となるこの資料の内容を知る機会は、決してないのです。

勾留質問は裁判官と被疑者との1対1の短い問答です。もっとも、裁判官は、検察官の一件記録を読んで勾留することをすでに決めています。被疑者に対して被疑事実（嫌疑の内容）を読み上げて、「これに間違いはないですか」とか「言いたいことはありますか」という短い問いを発して、被疑者から「間違いないです」とか「自分はやってません」などという短い答えを聞いて、それを「勾留質問調書」という短い書類にまとめて、被疑者に読み聞かせてサインさせるだけです。勾留の要件である「逃亡すると疑うに足りる相当な理由」や「罪証を隠滅すると疑うに足りる相当な理由」があるのかどうかに関連する質問は全くされません。裁判官は勾留するかどうかを決するもっとも重要な点について、本人の言い分を聴くこともなく、勾留を決定するのです。弁護人が勾留質問に立ち会わせてほしいと申し入れても、裁判官は当然のように拒否します。なぜか。もちろん、法律に書いていないからです。

そして、勾留審査の結論である「勾留状」にも、裁判官がどのような証拠に基づいて、どのような理由で勾留が必要であると判断したのか、何一つ記載されません。刑事訴訟法の該当条文がチェックされているだけです（図6－1）。

ちなみに、この勾留状ですが、その執行を受ける被疑者に手渡されることすらありません。勾留状を執行する捜査官は被疑者にそれを「示す」——一瞬チラ見させる——だけです（刑事訴訟法73条2項）。弁護人にも写しは交付されません。いちいち裁判所に勾留状の謄本の交付請求をして、その交付を受けなければ、弁護人も被疑者も勾留の理由はおろか、逮捕勾留の根拠となった犯罪事実（被疑事実）を知ることすらできないのです。勾留状謄本の請求から交付まで1日以上かかります(2)。

このタイムラグのために、被疑者の身柄拘束に対する弁護活動はさらなる不便を被るのです。われわれの依頼人自身が被疑事実の内容をきちんと説明できないということは非常にしばしばあります。被疑事実の内容を知らずしてどんな弁護をしろというのでしょうか。第1章、第2章で説明したように、勾留延長決定には「参考人取調べ未了」とか「鑑定未了」というようなゴム印が押してあります。このゴム印の内容を知るのにも「謄本交付請求」の手続を踏まなければならず、したがって、1日以上の時間がかかるのです。勾留やその延長に対する不服申立て（準抗告）を最低限きちんとやるためには、謄本の入手は不可欠ですが、

刑事訴訟法６０条１項各号に定める事由
下記の　2、3　号に当たる。√ 1　被疑者が定まった住居を有しない。 2　被疑者が罪証を隠滅すると疑うに足りる相当な理由がある。 3　被疑者が逃亡し又は逃亡すると疑うに足りる相当な理由がある。

勾　留　期　間　の　延　長	
延　長　期　間 令和 3 年 4 月 15 日まで	延　長　期　間 令和　年　月　日まで
理　由 鑑定未了 関係人取調べ未了 証拠解析・精査未了	理　由
令和 3 年 4 月 5 日 東京地方 裁判所 裁判官　清水洋佑	令和　年　月　日 裁判所 裁判官
勾留状を検察官に交付した年月日	勾留状を検察官に交付した年月日
令和 3 年 4 月 5 日 裁判所書記官　遠藤尚記	令和　年　月　日 裁判所書記官
勾留状を被疑者に示した年月日時	勾留状を被疑者に示した年月日時
令和 3 年 4 月 5 日 午後 6 時 08 分 警視庁総務部留置管理第一課 司法警察員巡査部長 刑事施設職員　三池美和	令和　年　月　日 午　時　分 刑事施設職員

図6-1　勾留状

そうすると、被疑者はなすすべもないまま1日ないし数日の拘禁を耐え忍ばなければならないことになります。

限定的にならざるを得ない不服申立て

勾留決定に対する不服申立ての方法として、「準抗告」という制度があります（刑事訴訟法429条1項2号）。一人の裁判官がした勾留決定を地方裁判所の3人の裁判官に審査してもらう手続です。この手続も密室で行われます。基礎となるのはやはり、検察官が裁判所に提出する一件記録です。被告人側はその記録にアクセスすることはできません。裁判所に一件記録の謄写を求めても拒否されます。被告側は、準抗告申立書に様々な資料を添付して提出します。たとえば、「逃亡や罪証隠滅をすると疑うに足りる相当な理由がないこと」を示すものや「被告人の病気や仕事や家族の実情から、拘禁の弊害が大きいこと」を示す資料です。しかし、これも肝心の一件記録の内容を知ることができませんから、きちんとした反論・反証になっていない可能性が高く、やはりその効果は限定的と言わざるを得ません。

準抗告審の裁判官は被告人に会うことすらしません。被告人の家族や関係者との面会ももちろん拒否されます。極く稀《まれ》に弁護人が申し入れると親族に会ってくれることがあります。「電話で話を聞くことは吝《やぶさ》かではないが、面会はしない」という裁判官もいます。

令和２年(む)第８３７８９号

決　　　定

被告人

上記の者に対する麻薬及び向精神薬取締法違反被告事件について，令和２年１０月２９日東京地方裁判所裁判官がした保釈請求却下の裁判に対し，同月３０日，弁護人から準抗告の申立てがあったので，当裁判所は次のとおり決定する。

主　　　文

本件準抗告を棄却する。

理　　　由

本件勾留の基礎となる公訴事実の要旨は，被告人が，令和２年９月１９日に警察署内でコカインを所持したというものである。事案の性質，内容に加え，被告人の供述状況等を踏まえると，被告人が罪体事実や犯行に至る経緯等の重要な情状事実について罪証を隠滅するおそれはあり，刑事訴訟法８９条４号に該当する事由は認められる。そして，弁護人が主張する点を踏まえても，裁量保釈が適当でないとした原判断が不合理とはいえない。

よって，本件準抗告には理由がないから，刑事訴訟法４３２条，４２６条１項により，主文のとおり決定する。

令和２年１０月３０日

東京地方裁判所刑事第４部

裁判長裁判官　高　橋　康　明

裁判官　品　川　し　の

裁判官　深　野　英　一

これは謄本である。

同　日　同　庁

裁判所書記官　星野友麻

図６-２　準抗告棄却決定

被告側が申し立てた準抗告によって、勾留決定が取消される割合を示す統計は存在しません。[3]私の実務経験から考えると、勾留や保釈に対する弁護側の準抗告が認容される割合は1割もないと思います。

準抗告棄却決定の内容も、これまでの章で例をあげましたが、非常に簡略な抽象的な記載です。中にはほとんど刑事訴訟法の条文を引き写しただけとしか思えないものもあります（図6－2）。

あまりに簡素な却下決定

保釈の決定も、ほぼ同様の手続で行われます。われわれが保釈請求をすると、裁判官は検察官に意見を求めます。検察官は意見書とともに一件記録を裁判官に送付します。ここでもわれわれは一件記録にアクセスできません。かつて、弁護側は検察官の意見書にもアクセスできませんでした。勾留請求書に対する閲覧権がないのと同じ理由（法律に明文がなく、「捜査の秘密」を守る必要があるという理屈）で、検察官の保釈意見書を見ることを裁判所は頑《かたく》なに拒否していました。しかし、1995年の最高裁判所の決定で、保釈に対する検察官の意見書だけは閲覧謄写が可能になりました。

この最高裁の判断は、私が申し立てた特別抗告に対するものです。当時、保釈請求やその準抗告審で、私は検察官の意見書や一件記録の閲覧・謄写を繰り返し裁判所に要求していました。裁判所は意見書を弁護人に閲覧させることを認める法的根拠がないとか、一件記録は検察官から「一時借用」するものに過ぎず、裁判所の管理下にはないから「訴訟に関する書類」（刑事訴訟法40条）にも当たらない、などと言ってこれを拒否していました。私は、こうした裁判所の運用は、裁判を受ける権利（憲法32条）や弁護人の援助を受ける権利（憲法37条3項）を侵害すると主張して最高裁判所に特別抗告をしたのです。最高裁判所はいつものように「三行半《みくだりはん》」の棄却決定を郵送してきました。確かに、三行半決定ですが、最後の方に括弧入りの「なお書き」がついていました。——「なお、検察官の意見書について、弁護人に閲覧、謄写を許さなかった点は是認できない」と。(4)

何も説明せず、ただ単に「是認できない」というつぶやきのような判断です。これではなぜ意見書は良くて、一件記録がだめなのかもわかりません。しかし、ともかく、この判断によって意見書だけは閲覧謄写が可能となりました。とはいえ、依然として被告側は保釈判断の基礎である一件記録を見ることができないのです。

保釈担当の裁判官は被告人に会うこともしません。保釈するか拘禁するかを決める相手である被告人を裁判所に呼び出して、直接質問することは簡単にできるでしょう。本人と会って親しく質問をして、証拠隠滅をするような人物かどうか、保釈金を失うことを気にせずに逃げるような人かどうか、逆に、保釈しないと彼／彼女がどれほど困るのかを考えて、判断すればよいのです。しかし、裁判官は決してそうしません。私は接見室で依頼人の裁判官あてメッセージを録画して、それを保釈請求書に添付し、裁判官の前で再生したことがあります。しかし、最近、東京高裁が写真撮影や録画は「接見」に含まれないとして、拘置所の職員が接見室内での写真撮影や録画を咎《とが》めて、接見中の被告人を接見室から連れ去る行為を適法としました(5)。そうすると、ビデオメッセージという方法も難しくなりました。

保釈の却下決定は実に簡単なものです。法律が掲げる7つの保釈除外事由を法律の条文どおりに印刷して、そのうちのどれに当たるかを示した上で、「かつ、裁量で保釈の許可をするのは適当と認められない」と付け加えるだけです（図6－3）。そして、すでに指摘したように、保釈却下に対する不服申立て（準抗告）をしても、いかなる証拠に基づいていかなる論理で、被告人の身柄拘束が続けられなければならないのか、よくわからないのです。

最高裁のダブル・スタンダード

刑事訴訟法44条は、上訴が可能な決定には「理由」を付さなければならないとしています。そして、勾留や保釈却下決定は上訴が可能な決定です（刑事訴訟法429条1項2号）。また、勾留や保釈却下決定に対する上訴を棄却する決定も、上訴が可能な裁判です（刑事訴訟法4

令和２年特（わ）第２５０８号

勾留　令和２年１０月１０日
起訴　令和２年１０月１６日

保釈請求却下決定

被告人

１９８５年3月１６日生

被告人に対する麻薬及び向精神薬取締法違反被告事件について，令和２年１１月１１日主任弁護人和田恵，弁護人高野隆から保釈の請求があったので，当裁判所は，検察官の意見を聴いた上，次のとおり決定する。

主　文

本件保釈の請求を却下する。

理　由

被告人は下記４に該当し，かつ，裁量で保釈の許可をするのは適当と認められない。

記

1　死刑又は無期若しくは短期１年以上の懲役若しくは禁錮に当たる罪を犯したものである。
2　前に死刑又は無期若しくは長期１０年を超える懲役若しくは禁錮に当たる罪につき有罪の宣告を受けたことがある。
3　常習として長期３年以上の懲役又は禁錮に当たる罪を犯したものである。
4　罪証を隠滅すると疑うに足りる相当な理由がある。
5　被害者その他事件の審判に必要な知識を有すると認められる者若しくはその親族の身体若しくは財産に害を加え，又はこれらの者を畏怖させる行為をすると疑うに足りる相当な理由がある。
6　氏名又は住居が分からない。
7　禁錮以上の刑に処する判決の宣告があったものである。

令和２年１１月１８日

東京地方裁判所刑事第１４部（１８）

裁判官　遠　藤　圭　一

図6-3　保釈却下決定

33条）。裁判に理由の記載を要求するのはなぜでしょうか。それは、個人の自由や権利に対して多大な影響を及ぼす裁判官の判断を慎重にさせると同時に、上訴権者に原裁判を批判する手がかりを与え、議論がかみ合うように攻撃防御の対象を明確にするためです。これによって、上訴権が実質的に保障され、個人の裁判を受ける権利（憲法32条）が保障されるのです。

ところで、最高裁判所は行政処分による個人の権利制限には「理由付記」が必要であり、その付記されるべき理由としては「○○法△△条にあたる」と単に法律の条文を引用するだけでは不十分であると繰り返し判決しています。(6)たとえば、最高裁第三小法廷1985年1月22日判決は、海外渡航のための一般旅券発給申請に対して、外務大臣が「旅券法13条1項5号に該当する」との理由を付記した書面をもってこれを拒否したという事案について、これだけでは理由付記の要請を満たしておらず、違法な処分であるとしました。

旅券法が右のように一般旅券発給拒否通知書に拒否の理由を付記すべきものとしているのは、一般旅券の発給を拒否すれば、憲法二二条二項で国民に保障された基本的人権である外国旅行の自由を制限することになるため、拒否事由の有無についての外務大臣の判断の慎重と公正妥当を担保してその恣意《しい》を抑制するとともに、拒否の理由を申請者に知らせることによって、その不服申立てに便宜を与える趣旨に出たものというべきであり、このような理由付記制度の趣旨にかんがみれば、一般旅券発給拒否通知書に付記すべき理由としては、**いかなる事実関係に基づきいかなる法規を適用して一般旅券の発給が拒否されたかを、申請者においてその記載自体から了知しうるもの**でなければならず、単に発給拒否の根拠規定を示すだけでは、それによって当該規定の適用の基礎となった事実関係をも当然知りうるような場合を別として、旅券法の要求する理由付記として十分でないといわなければならない。この見地に立って旅券法一三条一項五号をみるに、同号は「前各号に掲げる者を除く外、外務大臣において、著しく且つ直接に日本国の利益又は公安を害する行為を行う虞《おそれ》があると認めるに足りる相当の理由がある者」という概括的、抽象的な規定であるため、一般旅券発給拒否通知書に同号に該当する旨付記されただけでは、申請者において発給拒否の基因となった事実関係をその記載自体から知ることはできないといわざるをえない。したがって、外務大臣において旅券法一三条一項五号の規定を根拠に一般旅券の発給を拒否する場合には、申請者に対する通知書に同号に該当すると付記するのみでは足りず、いかなる事実関係を認定して申請者が同号に該当すると判断したかを具体的に記載することを要すると解するのが相当である。(7)

（強調は引用者）

一連の最高裁判例は行政による不利益処分に関する判例であり、刑事手続に関する判例ではありません。しかし、だからと言って、「刑事手続においては被告人に不利益な処分をする決定の理由は、概括的・抽象的なもので良い」とか「単に法律の条文を引用するだけで良い」ということにはなりません。

言い換えれば、勾留状を発行したり、保釈を拒否したりして身体を拘束する裁判の理由としては、単に根拠条文を示しあるいは「事案の内容」とか「被告人の供述態度」などと言えば良い、ということにはならないはずです。一連の最高裁判例で問題となった個人の権利や利益――財産権、青色申告の特典を受ける利益、海外渡航の自由、そして、公文書にアクセスする権利――とここで問題となっている個人の権利や利益――身体の自由・行動の自由・表現の自由――とを比較した場合、どちらの権利や利益がより重要であり、その剝奪《はくだつ》が個人の生活に深刻な打撃を与えるでしょうか。その答えは明白でしょう。

これまで私は、行政処分に関する最高裁の判例を引用して、令状裁判官や準抗告審裁判所による勾留や保釈却下の理由の説明が、「あまりにも抽象的であって、最高裁判例や裁判に理由付記を要求する刑訴法44条の趣旨にも反する」と主張して、最高裁判所に特別抗告を繰り返し申し立ててきました。しかし、これまでのところ、最高裁は三行半の棄却決定以外の反応を示したことがありません。この対応は、再三にわたって条文の引用や抽象的な説明では足りず、「いかなる事実関係を認定して申請者が同号に該当すると判断したかを具体的に記載することを要する」と言ってきた、行政処分に対する対応とあまりにも対照的です。日本の最高裁判事は、個人の身体的自由は財産権や海外渡航の自由や行政文書を知る権利よりも程度の低い権利（保護の必要性が少ない権利）と考えているということでしょうか。

要するに、個人の身体的自由に関する限り、すべての情報は検察官と裁判官だけで共有され、自由を奪われる本人にもまたその弁護人にも何一つ明らかにされないのです。つまり、自分がどのような資料に基づいて、逃亡したり証拠を隠滅する危険性の高い人間であると判断されたのかわからないままに、10日間も20日間も身柄拘束され、ときには身柄を拘束されたまま1年以上の長期にわたる裁判を戦わなければならないのです。

「勾留理由開示」という空疎な儀式

もう一つ、不可解な点をあげましょう。被告人や弁護人などの請求によって公開の法廷で行われる、「勾留理由開示」という制度があります。この申立てがあると、原則として5日以内に裁判所は公開の法廷で「勾留の理由を告げなければならない」ことになっています（刑事訴訟法83条1項、84条1項、刑事訴訟規則84条）。

しかし、この手続は全くと言って良いほど機能していません。この手続を通じて被告人や弁護人が本当の勾留理由を知ることは全く不可能です。また、この手続を傍聴する市民も、裁判所が何に基づいて個人の自由を拘束する決定をしたのかを知ることはできません。

最近、私が体験した勾留理由開示を紹介しましょう。事案は、ある外資系企業のアメリカ人幹部K氏が六本木の路上で泥酔しているところを、警察官が「保護」して、令状なしに彼を警察に連行し、衣服を脱がして靴下の内側からコカインのパッケージを発見した、というものです。そこでは、令状なしに10時間以上警察に留め置いて尿の「任意提出」を「説得」し、その尿からコカインの成分が発見されたとされています。われわれは、この令状なしになされた身体拘束や採尿の適法性を争いました。検察官は、被告人が「第三者と通謀して『知らない間に薬物を飲まされた』などとストーリーを捏造《ねつぞう》する可能性がある」と言って保釈に反対しています。われわれは「本件の唯一の争点は証拠品の押収手続が適法かどうかであって、証人は警察官ばかりだから被告人を釈放しても罪証隠滅は考えられない」と主張し、保釈を請求しています。しかし、裁判官は検察官の意見を入れて保釈を認めません。

そこで、勾留理由の開示を求めました。法廷には、われわれの依頼人K氏が警察官に挟まれて着席しており、弁護人と検察官が当事者席にいます。また、傍聴席にはK氏の会社の同僚が詰めかけています。そこに裁判官が入場し、以下のようなやり取りが行われました。

裁判官：それでは勾留理由開示の手続を行います。

本件勾留の被疑事実は、「被告人は、みだりに、令和2年＊月＊日、東京都港区《みなとく》六本木4丁目7番1号警視庁麻布警察署1階保護室内において、麻薬であるコカイン及びコカイン塩酸塩を含有する白色粉末0・315グラムを所持したものである。」というものです。

刑事訴訟法60条1項2号、3号に該当する勾留の理由は次のとおりです。一件記録によれば、被告人が、今述べた被疑事実にかかる罪を犯したことを疑うに足りる相当な理由があると認められます。次に、本件事案の性質及び内容、被告人の供述状況等に照らすと、被告人が、事件関係者に働きかけるなどして、罪体及び犯行に至る経緯等の重要な情状事実について罪証を隠滅すると疑うに足りる相当な理由があると認められます。これらの事情に加えて、被告人の身上等も併せ考えると、被告人が逃亡すると疑うに足りる相当な理由もあると認められます。

以上の諸事情を総合すれば、勾留の必要性も認められます。

裁判所から開示する勾留の理由は以上です。次に弁護人の求釈明にお答えします。

求釈明事項書[8]1の(1)の罪証隠滅を疑うに足りる相当な理由については、一件記録から、被告人が事件関係者に働きかけて、口裏を合わせるなどして、罪体及び重要な情状事実につき、罪証を隠滅すると疑うに足りる相当な理由があると判断しました。

弁護人（高野）：事件関係者とは、だれのことですか。

裁判官：事件関係者とは、事件に関係する者のことですが、そのさらに具体的な内容については、回答する必要はないと考えています。

弁護人（高野）：裁判官の中には、具体的な心当たりがあるのでしょうか。Kさんにも我々にも、この「事件関係者」という言葉は何度も聞かされてますが、まったく心当たりがないんです。もし、裁判官に心当たりがあるのならばあると答えてください。我々にはまったくないので聞くしかないんです。

裁判官：弁護人のご意見として承りますが、先ほど述べた理由で足りると裁判所は考えています。

弁護人（高野）：あるかないかくらいは答えられると思いますが。

裁判官：裁判所としては、そういったことが考えられなかった場合には、理由としてあげないので、答えとしてはあるということになります。

弁護人（高野）：あるのですね。それは男性ですか、女性ですか。

裁判官：これ以上答える必要はありません。

弁護人（高野）：性別くらいは答えることができるでしょう。念頭にあるのなら。

裁判官：裁判所としては、先ほどの回答で足りると考えていますので、次の釈明事項に対する答えに移ります。

被告人が捜査段階において、事件について積極的に説明していないことや黙秘権を行使したことについてですが、罪証隠滅を疑うに足りる相当な理由の判断の中で、罪証隠滅の主観的可能性を否定する根拠を見つけ難いという点においては考慮しているといえます。

弁護人（高野）：ということは、自白をすれば罪証隠滅の相当な理由がなくなるという趣旨でしょうか。

裁判官：先ほど述べた回答で足りると考えています。

弁護人（高野）：なぜ黙秘をしていることが主観的に罪証隠滅をすることを否定する根拠が見つからないことになるのか、我々にはまったく理解できないので、ぜひその理屈を教えていただきたいのです。

裁判官：それに対して回答する必要はないと考えています。

次に求釈明事項書1の⑵の逃亡すると疑うに足りる相当な理由については、弁護人の指摘する事情を踏まえても、さきほど述べたとおり、認められると考えています。

弁護人（高野）：現在の会社における重要な地位が継続していても、それから私どもがパスポートを預かっている状態で彼が逃亡するということになると、彼が日本でホームレスになって生き続けると、そうおっしゃるのですか。家族からも姿を消して行方不明者になれと、そうおっしゃるのですか。

裁判官：弁護人のご意見として承りますが、さきほど述べた回答で足りると考えています。

求釈明事項書2の勾留の必要性についても、弁護人の指摘する事情を踏まえても、あると考えています。

主任弁護人（和田）：Kさんは、乾癬《かんせん》性関節炎という病気を患っており、逮捕された＊月＊日に病院に搬送され、以来その症状をずっと訴え続けています。彼は、継続的に2週間に1回自分で薬を投与する形で、その病気をコントロールしていました。そのコントロールの必要性は、言うなれば糖尿病におけるインスリンによる治療と同じようなものだと考えています。しかし、警察署における医師、搬送された病院ではまったく治療は行われず、薬も一般的な痛み止めしか処方されていない状況です。この点について、検察官は、「適切な医療行為は留置先においても行うことは可能である」あるいは「体調に問題があるといった報告は受けていない」と回答されています。これが事実に反することは麻布警察署留置施設や、その医師に確認してもらえばすぐにわかることです。以上を踏まえて裁判官に改めてお伺いしますが、勾留の必要性に関し医療の必要性についてどのようにお考えかをお答えいただきたい。

裁判官：弁護人のご意見として承ります。求釈明事項書に対する回答は以上です。(9)

今どきこれほど中身のない答弁をする大臣もいないでしょう。たとえば、役所の窓口職員がこれほど「木で鼻をくった」対応をしたら、たちまち話題になって配置転換されてしまうのではないでしょうか。しかし、これが日本の裁判官の姿です。おそらく、裁判所には勾留理由開示公判で「木で鼻をくる」ためのマニュアルがあるのだと私は想像します。どの裁判官も皆、勾留理由開示公判では同じような対応をするからです。

拘禁の根拠を示さなければいけないのは検察官

では、法律はこんな無意味な制度をわざわざ作ったのでしょうか。そんなことはありません。この制度は本来とても意味のあるものとして作られたのです。勾留理由開示は、法律どころか憲法が直接要請する制度です。日本国憲法34条はこう定めています――「何人も、正当な理由がなければ、拘禁されず、要求があれば、その理由は、直ちに本人及びその弁護人の出席する公開の法廷で示されなければならない」。この条文を起草したのは、やはりGHQの法律家です。(10)日本語で「理由」と訳されている部分は“cause”です。直訳すると「根

shown"です。直訳すると「明示されなければならない」というような意味です。ただ単に、被疑者の勾留を決定した裁判官が「一件記録から……罪証を隠滅すると疑うに足りる相当な理由があると判断しました」というだけで、勾留の根拠を明示したことにならないのは明らかでしょう。

ここでいう「理由を示す」というのは、「個人を拘禁する正当な理由を、公開の法廷で証明する」ということです。拘禁された個人はこの証明を政府に要求し、政府が証明に失敗したときは裁判所が拘禁を取消して釈放を命じなければならないということです。つまり、拘禁の理由を示すのは、裁判官ではなく、政府（検察官）なのです。裁判官は政府が示した理由（拘禁の根拠）が、「正当な理由」と言えるかどうかを証拠に基づいて判断をする立場でなければならないのです。

「人身保護法」の真の意味

そう考えなければならない理由を少し説明しましょう。憲法草案の起草に関わったGHQ民政局の法律家たちは、準備作業として戦前の日本の制度の問題点を洗い出し、その改善策を提案するためのレポートを作っています。民政局行政部法規課長のマイロ・E・ラウエル陸軍中佐は、1945年12月6日に提出した「日本の憲法についての準備的研究と提案」と題するレポートの中で、戦前における特高警察や憲兵らによる人権蹂躙《じゅうりん》を指摘した上で、新しい憲法に「必ず含まれるべきもの」の一つとして、「人身保護令状の救済を受ける権利」をあげています。[11]ラウエルは翌1946年1月にも、民間憲法草案について研究した覚書の中で、「逮捕された者を公開の法廷に出席させ、拘禁理由の説明を行なうことを警察に強制する、人身保護令状類似の手続が必要であ［る］」と述べています。[12]このラウエルの提案――「人身保護令状類似の手続」――が憲法34条のもとになっているのです。

人身保護令状（writ of *habeas corpus*）とはどんなものでしょうか。その起源は、13世紀ころのイギリスに遡《さかのぼ》ります。イギリス国王が拘束者（監獄の長や看守など）に対して、被拘束者とともに出頭し、拘束が正当であると証明させることを命じる令状が、その起源とされます。“*habeas*”は“have”（持つ）、そして“*corpus*”は“body”（身柄）を意味するラテン語です。つまり、他人を拘束する人に向かって「被拘束者の身柄を持参せよ」という令状（writ）ということです。その後、1679年の人身保護法（Habeas Corpus Act）によって、この令状の発行者は裁判所とされました。被拘束者に限らず何人でもこの申し立てができ、[13]申し立てられると、拘束者は被拘束者とともに公開の法廷に出頭し、裁判官の面前でその拘禁が合法的なものであることを証明しなければならない、とされました。そして、その証明に失敗したときは、裁判官が釈放を命ずる手続として整備されました。

18世紀の偉大な法律家で、建国期のアメリカの法律家に多大の影響を与えたウィリアム・ブラックストーンは、この制度を「第2のマグナ・カルタであり、われらの自由の堅固なる防塁」と呼んでいます。[14] アメリカ合衆国憲法(1787年)第1条第9節第2項は、「人身保護令状の特権は、反逆または侵略が行われた際に公共の安全がそれを要請する場合を除いて、停止されてはならない」と規定しました。そして、1789年裁判所法(Judiciary Act of 1789)は、連邦政府によって拘束された個人が、連邦裁判所に人身保護令状の申立てをする権利を正式に認めました。

日本国憲法34条はこの仕組みを日本に取り入れ、わが国における「自由の堅固な防塁」にしようとするものだったのです。そう理解していたのは、占領軍の法律家だけではありませんでした。弁護士でありかつイギリスの「バリスター」(法廷弁護士)の資格もあった小林一郎《こばやしいちろう》は、憲法34条の重要さにいち早く気づいていました。小林はイギリスの人身保護法を参考に、日本版人身保護法の制定を司法省に提案します。しかし、政府はなかなか動きませんでした。結局、彼の草案は参議院議員の提案という形で国会に提出されました。そして、小林は公述人として参議院司法委員会で法案の趣旨を説明しました。

新憲法第三十四条は［…］拘禁の理由に取調べを要求する。取調べて貰う。［…］その不法なることが分つたときには直ぐ自由を回復する。この自由を回復することを目的としてこの取調べの機会を規定したのであります。［…］憲法はそれだけの規定をしておりますが、それならば如何にして要求するか。如何《いか》にしてその取調べを要求するか。又拘束者にその理由を如何にして示させるか。その理由が示されたる場合、示されざる場合、如何に本人を処置するか。それらについて法律を設けなくてはいけません。それらについて法律の規定がない限りは、この立派な憲法の規定は決して動いて来ない。死物に等しいことだろうと思います。[15]

それを受けて、国会は人身保護法（昭和23年法律第１９９号）を制定しました。同法２条はこう規定しています――「法律上正当な手続によらないで、身体の自由を拘束されている者は、この法律の定めるところにより、その救済を請求することができる」。

ところが、法律が制定されるやいなや、最高裁判所は「人身保護規則」を制定して、「法第二条の請求は、拘束又は拘束に関する裁判若しくは処分がその権限なしにされ又は法令の定める方式若しくは手続に**著しく違反していることが顕著である場合に限り、**これをすることができる」という制限規定を設けました。裁判所の規則は国会が定める法律よりも下位の法です。ですから、いくら規則が「著しく違反していることが顕著である場合に限」っても、法律が優先し、「法律上正当な手続によらないで、身体の自由を拘束されている者」には身柄拘束から解放される権利があるはずです。

ところが、最高裁判所大法廷は、このあまりにも明白な法解釈のルールを無視して、「人身保護法により救済を請求することができるのは、法律上正当な手続によらないで身体の自由を拘束されている者で（人身保護法二条）、その拘束又は拘束に関する裁判若しくは処分が権限なしにされ又は法令の定める方式若しくは手続に著しく違反していることが顕著である場合に限りこれをすることができるのである。（人身保護規則四条本文）」として、規則の要件がない限り人身保護の請求ができないとしたのです(16)。

こうして、わが国においては、「第2のマグナ・カルタ」であるはずの人身保護法は、その立法目的を達することなく誕生とともに死文と化し、その後は破綻《はたん》した夫婦が子どもの取り合いをするための道具になってしまいました。

本来の手続の中核にある「ディテンション・ヒアリング」

日本国憲法34条、そして日本国の1948年人身保護法が考えた勾留審査手続とはどのようなものであったのでしょうか。その答えは、数百年の歴史をもつコモンロー系諸国の勾留審査手続（detention hearing）にあります。その代表例としてアメリカの「１９８４年保釈改革法」[17]の手続を紹介します。

暴力犯罪や、最高刑が死刑や終身刑に相当する犯罪の訴追を受けた被告人については、政府側の法律家（検察官）の申立てあるいは裁判所の職権で、拘禁審査のためのヒアリング（ディテンション・ヒアリング）が行われます。[18]それ以外の罪による訴追の場合も、（A）被告人が逃亡する深刻なリスクがあると考えられるとき、または（B）被告人が裁判妨害、証人予定者や陪審に対する脅迫、傷害、嫌がらせをする深刻なリスクがあると考えられるときには、ヒアリングが行われます。[19]このヒアリングは、裁判官の前への最初の出頭（逮捕後「不必要に遅滞することなく」――通常は24時間以内）の際かその直後に行われなければなりません。[20]

もちろん、このヒアリングは公開の法廷で行われます。被告人は弁護人とともに法廷に出頭しその援助を受けることができます。弁護人を雇う資力のない被告人には弁護人を選任してもらう権利が与えられます。このヒアリングでは、有罪・無罪の決定をするための公判のような厳格な証拠法は適用されません。したがって、政府側も被告側も、証言に代えて宣誓供述書などの文書を提出することができます。しかし、被告人は裁判官の前で自ら宣誓の上で証言する権利があります。ヒアリングに出頭した政府側の証人に対して反対尋問をする権利もあります。また、自ら証人を同行して証言させる権利もあります。[21]

被告人を保釈せず拘禁を継続するためには、単に被告人が重罪で訴追を受けているとか、逃亡や証人を脅迫する「深刻なリスク」があるというだけでは足りません。拘禁の要件は「いかなる条件を課しても、要請された期日に被告人の出頭を確保することまたは他者やコミュニティの安全を合理的に確保することができないとき」です。[22] そしてこの要件は「明白かつ説得的な証拠」(clear and convincing evidence)によって立証されなければなりません。この「明白かつ説得的な証拠」という証明基準は、「高度にかつ実質的に真実らしいものであり、事実認定者はその主張が高度に確からしいと説得されていなければならない」とされています。[23] 刑事裁判における有罪の証明の基準である「合理的な疑問を容《い》れない」(beyond a reasonable doubt)程度よりは低いが、民事裁判の証明基準である「証拠の優越」(preponderance of evidence)よりは高度の証明でなければならないと説明されることもあります。

拘禁の決定には証拠によって認定された事実と拘禁の理由を記載した文書を伴わなければなりません。[24] 単純に「いかなる条件を課しても出頭やコミュニティの安全を合理的に確保できない」という結論を述べるだけで拘禁命令を出すことはできないのです。決定書のなかに、なぜ被告側が提案した条件では被告人の出頭やコミュニティの安全を合理的に確保できないのかを説明しなければなりません。こうした説明を欠いた拘禁決定は上訴審で破棄されます。[25]

カフカ『審判』の世界

翻って、日本では毎年約10万人が逮捕され、そのほとんどが23日間にわたって警察の留置場に閉じ込められます。彼らはこうした長期間の拘禁がいかなる理由によってなされるのか知る機会を与えられないのです。拘禁を求める検察官がどのような証拠によって、自分にどのような危険があると考えているのか。裁判官が自分を閉じ込める決定をするにあたって認定した事実が何なのか、そしてその証拠が何なのか。何一つ明らかにされません。この状況は、「君は逮捕された」と言うだけで、「いったいどうして」と尋ねても監視人は「そんな質問には答えない」と言うばかりで一切説明してもらえない、ヨーゼフ・Kの状況と全く同じです。この状況は甚だ不条理であると言うほかありません。公正なものでも適正なものでもありません。

(1)勾留審査に限らず、日本の裁判官は、法律が明文で「公開」を要求しない限り、決して手続を公開しません。たとえば、公判前整理手続について法律は公開とも非公開とも言っていませんが、裁判官は当然のように非公開にします。そのために、カルロス・ゴーン事件がそうであったように、公判前整理手続が行われる事件では起訴後非常に長い間報道の空白が生じます。

(2)勾留状を発行した裁判官は勾留状を「一件記録」とともに検察官に渡してしまうからです。裁判所の言い分は「原本が検察庁にあるので、謄本を作成するためにはそれを検察庁から取り寄せなければならない」というのです。裁判所という役所は自分たちの作った公文書のコピー（控え）すら取っていないというのです。週末や休日を挟むと勾留状謄本の入手まで3日以上かかります。

(3)最高裁判所の司法統計はすべての準抗告件数（2019年は1万4643件）とそのうち原決定を取消した件数（2834件——19・35％）——しか公表していません（『司法統計年報（刑事編）令和元年版』第17表）。この準抗告には勾留のほか保釈や差押などに関連するものも含まれます。さらに、弁護側だけではなく、検察側が申し立てたものも含まれます。

(4)最3小決1995・11・28（未公刊・平成7年(し)第159号）。その後2016年に第一小法廷が同じ決定を出しています（最1小決2016・10・25集刑320-463）。つまり、2016年の段階でも検事意見書の閲覧を拒否している裁判官がいたということです。

(5)東京高判2015・7・9判時2280-16。上告棄却（最2小決2015・6・15（未公刊）・平成27年(オ)第1628号）。

(6)最2小判1963・5・31民集17-4-617（所得税の更正処分と審査決定）、最3小判1972・12・5民集26-10-1795（法人税の更正処分）、最1小判1974・4・25民集28-3-405（青色申告書提出承認取消処分）、最3小判1985・1・22民集39-1-1（一般旅券発給拒否処分）、最1小判1992・12・10判タ813-184（公文書非開示処分）。

(7)最3小判1985・1・22民集39-1-1、4頁。

（８）われわれは予《あらかじ》め「求釈明事項書」を提出して、「罪証を隠滅すると疑うに足りる相当な理由」や「逃亡すると疑うに足りる相当な理由」はどのような事実に基づくのかなどを裁判官に問い合わせていました。

（９）実際の勾留理由開示調書をほぼそのまま一部抜粋しました。

（10）ＧＨＱ草案第31条がそのまま憲法改正案になり、国会の審議を経て34条になりました。

（11）高柳賢三・大友一郎・田中英夫編著『日本国憲法制定の過程――連合国総司令部側の記録による――Ⅰ原文と翻訳』（有斐閣１９７２）、８－９頁。

（12）同前、28－29頁。

（13）被拘束者が拘束者に申立を阻止されることがありえるからです。

（14）Blackstone's Commentaries on the Laws of England, Book the First, ch.1, p133. cited in Yale Law School Lillian Goldman Law Library, The Avalon Project. https://avalon.law.yale.edu/18th_century/blackstone_bk1ch1.asp

（15）第２回国会参議院司法委員会議録第５号（１９４８年3月23日）８頁。

（16）最大決１９５４・４・26民集8-4-848、８５１頁。

（17）１９８４年にアメリカ連邦議会によって制定された制定法ですが、それまでの先例や慣習を取り入れて法典化したものです。１９８４年の制定後いくつかの改定を経て現在も保釈と拘禁に関する基本法――連邦法典18巻３１４２節「公判係属中の被告人の釈放または拘禁」（18 U.S.C.§3142. Release or Detention of a Defendant Pending Trial）――として適用されています。

（18）18 U.S.C.§3142 (f)(1).

(19) 18 U.S.C.§3142 (f)(2).

(20) *id.*

(21) *id.*

(22) 18 U.S.C.§3142 (e).

(23) *Colorado v. New Mexico*, 467 U.S. 310 (1984).

(24) 18 U.S.C.§3142 (i)(1).

(25) 地裁の裁判官が行った保釈決定を政府側の不服申立によって取消した連邦地裁の拘禁決定について、被告側が提案した保釈条件によっては被告人の出頭を合理的に確保できない理由の説明が不十分だとして、破棄した連邦控訴裁判所の判例：*United States v. Berrios-Berrios*, 791 F.2d 246, 251-252 (2d Cir.1986).

第7章　われわれはどこを目指すべきか

取調べ受忍義務は即刻廃止すべき

本書の締めくくりとして、人質司法を改善する方策について私の考えを述べます。

第1章で指摘したように、訴追されることなく23日間もの長期間にわたって身柄拘束を許す国は、主要民主主義国のなかには存在しません。そして、この23日の間、被疑者が連日のように数時間、ときには10時間以上、捜査官の取調べを受けなければならない、そんな国も「自由主義」・「民主主義」を標榜《ひょうぼう》する国のなかには存在しません。欧米諸国では、逮捕された人は「不必要に遅滞することなく」——数時間ないし数日の間に——裁判官の面前に連れてこられ、それ以降は捜査官の尋問を受けることはありません。日本の捜査官は、起訴前に

23日間好きなだけ被疑者を尋問して、その供述＝自白を求めることができます。これこそが、彼らが被疑者の強制的な身柄拘束を求める最大の動機に他なりません。つまり、日本では供述の獲得と身柄拘束がほぼ同義になっているのです。これが人質司法の核心部分です。

したがって、人質司法を解消するためには、取調べ受忍義務を否定するのがもっとも効果的です。しかし、人質司法を批判する日本の法律家の多くはこの正攻法を唱えません。彼らは、被疑者が「弁護人の立会いなしに」取調べを受けていることが問題だと言います。しかし、この批判は必ずしも的を射ていません。取調べ受忍義務を認めた状態で「弁護人を立ち会わせる権利」を認めたとしたらどうなるでしょうか。23日間、毎日数時間にわたって、弁護士が警察や検察の取調室に入って取調べを見守るということになります。そんなことが可能でしょうか。これができるのは、体力に自信があるが他に仕事がない落ちぶれた弁護士か、駆け出しの弁護士くらいでしょう。まともな弁護士には不可能です。

欧米で弁護士が取調べに立ち会うことが権利として認められているのは、取調べを受けることが義務でないことが確立しているからです。第3章でも述べましたが、一般に取調べへの「弁護人立会権」を確立した判例とされているアメリカ連邦最高裁判所のミランダ判決（1966年）はこう言っています。

取調べの前あるいは取調べ中のどの段階であれ、個人が黙秘したい旨をいかなる方法でも示したならば、取調べは中止されなければならない。このとき彼は第5修正の特権［黙秘権］を行使する意思を表明したことになるのである。特権を援用した後に得られた供述は、程度の差はどうあれ強制の産物以外の何物でもない。質問自体を中止させる権利がないならば、身柄拘束下の取調べという状況は、特権発動後も供述をさせるように個人の自由意志の上に作用するだろう(1)。

欧米で行われる取調べは、ほとんどの場合1時間以内、通常は20〜30分です。複数回行われることは極めて稀《まれ》です。その程度の時間であれば、弁護人は立ち会って捜査官が無理な取調べや自白の強要をすることを防止することができます。万が一、捜査官が被疑者の言い分を受け入れず自白を強要するようなことがあれば、直ちにその場で取調べをやめさせることができるのです。

つまり、取調べ立会いを「権利」として確立するためにも、取調べ受忍義務というものを否定する必要があるのです。取調べ受忍義務を認めたまま「弁護人の取調べ立会権」を認めるというのは、要するに、取調べ受忍義務の対象を被疑者のほかその弁護人にも拡大するのと変わりありません。言い換えれば、弁護人に「取調べ立会義務」を課すものにほかならないのです。

すでに指摘したように、そもそも取調べ受忍義務という考えは、現行刑事訴訟法を起草したGHQの法律家や彼らと協議した司法省の担当官の頭の中にはありませんでした。現行刑訴法は、戦前まで予審判事が行っていた被告人訊問《じんもん》、つまり取調べ受忍義務を課したうえでの取調べという制度を廃止しました。検察官僚は、戦前から、予審判事にとって代わり、強制的な尋問権とその尋問調書（聴取書）の証拠能力を獲得しようと目論《もくろ》んでいましたが、その試みは挫折《ざせつ》したのです。刑事訴訟法198条1項但書の但書を根拠に、取調べ受忍義務を認めるという解釈は誤りです。そして、捜査官の取調室に出頭し、そこに滞留して、取調べが終わるまで退出できないということは、黙秘権を保障した日本国憲法に反すると言わなければなりません。

しかし、これもすでに指摘したことですが、日本の最高裁判所は、取調べ受忍義務を課したとしても「直ちに」黙秘権を侵害したことにはならないと言いました。(2)この判例の結果、取調べ受忍義務はこの国の捜査実務にますます定着してしまったのです。この判断をした最高裁判事たちの被疑者取調べというものへの認識は、あまりにも現実離れしています。「この環境は自ら威迫のバッジを着けている」（ミランダ判決）と指摘したアメリカ連邦最高裁の判事たちの洞察と比べて、どちらが人間性にかなっているでしょうか。答えは明白だと思います。

１９９９年の大法廷判決からすでに20年以上が経過しています。20年前に15人の最高裁判事は、全員一致で「取調べ受忍義務を課した取調べは、黙秘権侵害とは言えない」「取調べのために弁護人と被疑者の接見を制限しても、黙秘権侵害にならないし、弁護人の援助を受ける権利の侵害にもならない」と判断しました。このような粗雑な判断がいまだに効力をもっているということに、日本で法律家をしている一人として、私は忸怩《じくじ》たる思いを禁じえません。国際人権規約の締約国としてとても恥ずかしいことだと私は思います。この最高裁大法廷判例は一刻も早く変更されなければなりません。

接見禁止制度も速やかに廃止すべき

１４０年前の「密室監禁」制度を現代に引き継ぐ接見禁止という野蛮な制度も、速やかに廃止すべきです。この制度が日本国憲法に違反し、かつ国際人権規約に違反することは第４章で指摘しました。この制度の合憲性や条約適合性について判断した最高裁判所の判例は、いまのところありません。私は接見禁止決定に対する特別抗告申立書のなかで、繰り返し憲法違反や条約違反の主張を行っていますが、最高裁判所は私の主張を「単なる法令違反の主張に過ぎない」と言うばかりで、憲法判断や条約判断をする気配が全くありません。立法すなわち国会による廃止も全く議論されていません。140年前の弁護士や議員たちがこの制度を繰り返し批判していたのと比較して、現代の法律家や国会議員の人権感覚には疑問を禁じえません。

21世紀の現在もこうした野蛮な制度が行われている国がある、しかも「自由主義」「民主主義」を標榜する国で毎年3万5000人もの人にそれが実施されているという事実を、日本国内のみならず全世界の世論に向けて知らしめる必要があります。国際世論は「ダイヨーカンゴク」システムを繰り返し批判する一方でこの接見禁止＝密室監禁（*incommunicado*）がこの国に行われていることを知らないのです。まさか現代の日本でそんなことが行われているなどとは考えることすらできないのです。

罪証隠滅の防止は未決拘禁の目的から外すべき

被告人による罪証隠滅行為の防止を未決拘禁の目的とすること、「罪証を隠滅すると疑うに足りる相当な理由」を拘禁＝保釈拒否の理由とすることが、人質司法の源泉として機能しているという点については、これまでの章で詳しく指摘しました。そして、罪証隠滅を疑う相当な理由という概念が、個人の自由を規制する理由として漠然としすぎており、恣意《しい》的な拘禁への防波堤として全く機能し得ないことも指摘しました。「罪証隠滅の恐れ」を根拠にして、否認や黙秘をしている被告人に対する保釈は否定されることになるのではないかという70年前の国会議員たちの危惧《きぐ》が、まさにいま現実となっているのです。

「罪証を隠滅すると疑うに足りる相当な理由」を勾留《こうりゅう》理由＝保釈却下理由から外すためには、最高裁判所がこの理由による拘禁は憲法違反であると判断するか、法律を改めてこの理由を削除するしかありません。いずれもいばらの道です。しかし、根本的な解決を目指すのであれば、この二つのいずれかを目指すしかありません。

ただしもう一つ、より現実的な道としては、下級審の裁判官に、この要件の解釈や適用を厳格にさせるということが考えられます。現行法を提案した司法省の役人が70年前に答弁したように「だれが見てもその資料に基づけば大体罪証を隠滅すると認められる場合」に限り保釈は否定される――「否認している」とか「黙秘している」とか「検事の証拠に同意しない」とかを理由に保釈を否定しない――という運用をする裁判官が主流になることです。

また、別の角度からのアプローチとして、「被告人の権利行使を理由に身柄拘束することは権利行使を処罰するものであり、憲法違反である」という運用を確立することです。つまり、「『取調べ未了』や『被告人の供述態度』を理由に拘禁を継続することは自白を強要するのと変わりなく、黙秘権の侵害である」「検察官請求証拠の取調べに同意しないことを理由に保釈を却下するのは、被告人の反対尋問権の侵害である」という発想をする裁判官を増やことです。

自白した被告人の保釈を認めない

「供述態度」で問題とすべきなのは、被告人が自白していることを理由に「罪証を隠滅すると疑うに足りる相当な理由がない」として権利保釈を認めることです。この運用は一見無害なように見えますが、そうではありません。むしろ、この運用がわが国の未決拘禁制度を歪《ゆが》めてきたのです。「自白しているから証拠隠滅の動機や危険性がない」というのは確かにその通りですが、しかし、その論理は「自白しない被告人には罪証隠滅の動機や危険性がある」という発想につながるのです。

権利保釈という制度は、無罪の推定を受けるべき被告人が、有罪宣告を受ける前に実質的な処罰（拘禁）を受けること（「鏡の国」状況）を回避するための制度です。そのことは、現行刑訴法を審議した国会の議事録からもうかがえます。この経緯を踏まえると、罪を自白した人に保釈を認めるのは論理矛盾ではないでしょうか。自白して有罪を認める被告人は、当然処罰されるべきです。自白した被告人が有罪判決の前に受けた未決拘禁の部分は、刑期の一部として算入（刑法21条）されれば良いでしょう。自白した被告人が、有罪であっても実刑ではなく執行猶予判決を受けることが見込まれ、そのために拘禁を継続する必要はないというのであれば、――権利保釈（刑事訴訟法89条）ではなく――裁量保釈（90条）や勾留の取消し（87条、91条）を活用すれば良いでしょう。

自白したら保釈を認めないという制度では、実際に罪を犯している者も含めて、自由を得るためにあえて否認する被告人が増えてしまうという批判があります。しかし、それは問題ではありません。否認する被告人が本当に罪を犯したかどうかは、公判廷で証人を尋問したり証拠を取調べたりして決めるべき事柄です。裁判が行われる前の勾留審査で決めるべきことではありません。有罪の人であれ無罪の人であれ、公正な公開裁判を受ける権利があります。検察官が公開の法廷で合理的な疑問を容《い》れない程度に有罪を立証できない限り、被告人は無罪とされなければならないのです。

この権利は無罪の人だけでなく、有罪の人にも保障されています。いわば、この保障があることが、被告人だけではなく、われわれも含めたすべての個人の自由にとっての試金石となっているのです。「自白しなければ保釈が認められない」という現実は、要するに「公正な裁判を受ける権利を放棄しなければ自由が得られない」ということです。これでは、自由を得るために有罪の人だけではなく、無罪の人も自白してしまうでしょう。そして、これまで繰り返し述べてきたように、無罪の主張を堅持して検察官に厳密な立証を断固要求しようとする人は保釈されなくなるでしょう。こちらのほうが問題ではないでしょうか。

GPSモニタリングの検討を

コモンロー系諸国では、被告人による罪証隠滅の防止は未決拘禁の目的ではありません。彼らが根拠としているのは、公判廷への出頭の確保とコミュニティの安全の確保です。他のいかなる代替手段（たとえば、本人の誓約、保釈保証金、定期的な出頭命令、GPSモニタリングなど）によっても、被告人による逃亡や証人や他者への危害を防止できないことが、「明白かつ説得的な証拠」によって証明されたときに、初めて拘禁が認められるのです。わが国の未決拘禁制度も、公判への出頭の確保とコミュニティの安全確保というものに整理統合されるべきです。

わが国の裁判所は、「罪証隠滅の防止」について、ほとんど際限ないほどにきめ細かな配慮をしています。言い換えれば、それは検察官の有罪立証を被告人が万が一にも妨害しないようにするという、恐ろしくアンフェアで偏った配慮です。しかし一方で、被告人の逃亡やコミュニティの危険への配慮はとても少ないと感じることがあります。

私は保釈請求の際に、保釈条件の一つとしてGPSモニタリングを裁判所に提案することがあります。欧米には「GPSアンクレット」を使った見守りを行う会社がいくつもあり、彼らは法執行機関と契約して保釈中の被告人の動静をパソコンやスマートフォンで監視できるシステムを提供しています。残念ながら、日本にはそうした会社はまだありません。しかし、GPS装置を子どもや老人に携帯させて、インターネットの地図上で対象者を見守るシステムを提供する会社はいくつかあります。特定の場所を登録すると、そのエリアに対象者が入ったときに通知を受けることができるシステムもすでにあります。アンクレットと違って、本人が携帯しなければそれまでですが、それでもその不自然な動きはすぐに分かります。この方法を提案して保釈が認められた(3)私の依頼人は、裁判所に提出した誓約書のとおり「外出するときは必ずGPS装置を携帯する」ことを守っています。

私の知る限り、GPSによる監視を保釈条件として認めた裁判官はまだいません。私のこうした提案に対して、裁判官の中にはそれなりの評価をしてくれる人もいますが、ほとんどの裁判官は真剣に考えようとしません。しかし、もしも裁判所が、被告人の逃亡やコミュニティへの危険の防止と有罪宣告前の処罰（「鏡の国」状況）の回避という要請を両立させることを深刻に考えるならば、GPSモニタリングの採用を検討するべきでしょう。

弁護士の中には、GPSによる監視はプライバシー権の侵害であるとして反対する人がいます。しかし、行動を監視されたとしても、拘禁状態から解放されて社会生活を営める方を選択する被告人がいるのは当然だと思います。そうした選択肢を用意することは、プライバシー権の侵害にはならないでしょう。GPS監視を条件として保釈されるよりも警察の留置場にいる方がマシだと考える被告人は、その保釈条件を受け入れなければ良いでしょう。プライバシー権の侵害という議論は、被告人自身にそうした選択の自由を認めない理由にはなりません。

逃亡した被告人の欠席裁判を認めるべき(4)

現行刑事訴訟法は、ごく軽微な事件を除いて、被告人が出頭しなければ公判を開くことはできないとしています(刑事訴訟法286条)。例外的に「勾留されている被告人」が出頭を拒みかつ刑事施設職員が彼/彼女を法廷に連行することを著しく困難にしたときには、被告人欠席のまま開廷することができます(同法286条の2)。しかし、保釈されるなどして、勾留されていない被告人が公判への出頭を拒否した場合については、被告人欠席のまま開廷できるという例外規定はありません。この場合は、事件は公判が開かれないまま裁判所に係属し続けることになります。逃亡した被告人が後に弁護人に連絡をよこしたり警察に出頭したりして身柄が拘束されて、公判期日があらためて指定される例は必ずしも珍しくありません。しかし、逃亡したまま行方不明の状態が続けば、事件は「塩漬け」のまま、被告人の死亡が明らかになるまで裁判所に係属するのです。

担当事件を適切な時間内に「処理」したい裁判官にとっては、これは困った事態です。こうした事態に立ち至ることを避けるために、裁判官は保釈を許可することに慎重になっているということが考えられます。どんな軽微な事件でも親族や同居人の――ときには弁護人の――「身柄引受書」を要求したり、薬物の自己使用とか所持のような単純な事案でも数百万円の保釈金を要求するという実務の背景にはこうしたことがあるのかもしれません。この状況を打開して身寄りのない被告人や貧困な被告人も含めて保釈が広く認められるようにするためには、逃亡した被告人に対する欠席裁判を可能にするべきです。

自分の運命を決定する裁判に当事者として参加し、証言し、意見を述べ、検察側証人を反対尋問することは刑事被告人の憲法上の権利です（憲法37条1項、2項）。それはまた、国際人権（自由権）規約が保障する公正な裁判を受ける権利（自由権規約14条）の重要な一部でもあります。被告人の権利なのですから、被告人はこの権利を放棄することが可能でなければなりません。被告人は、公判に出席する権利を放棄して自らは法廷に出頭せず、弁護人に防御活動を任せることも自由なはずです。さらに、この弁護人の援助を受ける権利（憲法37条3項、自由権規約14条3項（d））も放棄できるはずです。

そうすると、たとえば、起訴後保釈された被告人が自らの意思で逃亡し、弁護人との連絡も絶ったというような場合には、その被告人は裁判に出頭する権利も弁護人の援助を受ける権利も放棄したものとして、被告人も弁護人も欠席のまま公判を開いて判決を言い渡すということも憲法上許されるはずです。あるいは、被告人が日本の裁判管轄の及ばない海外に逃亡しながら、日本の弁護人との連絡は維持してその弁護人の弁護を引き続き受けることを希望しているということもあるでしょう。その場合には、被告人は欠席したまま、弁護人が法廷で弁護活動をする――証拠を提出し、証人尋問し、弁論を行うなどの弁護活動をする――ということも可能なはずです。こうした欠席裁判の制度は憲法にも自由権規約にも違反しないでしょう(5)。

実際のところ、いわゆる「必要的弁護事件」(6)で、被告人に加えて弁護人が出頭しなければ公判が開けない事件であるにもかかわらず、被告人も弁護人も出席しないで行われた刑事裁判を合法であるとした最高裁判所の判例があります。勾留中も保釈中も公判廷への不出頭を繰り返し、さらに、弁護人やその家族に対しても脅迫して出廷させないようにしたという事案で、最高裁は「被告人は、もはや必要的弁護制度による保護を受け得ないものというべきであるばかりでなく、実効ある弁護活動も期待できず、このような事態は、被告人の防御の利益の擁護のみならず、適正かつ迅速に公判審理を実現することをも目的とする刑訴法の本来想定しないところだからである」と述べて、欠席裁判を合法としました(7)。この判例はいわば法が想定していなかった極端なケースで被告人の権利放棄を認定した事例だと言えます。

保釈された被告人が逃亡した場合などについて、具体的な要件とその認定方法を予め法定しておいて欠席裁判の例外を定めることは可能です。そしてそれは、保釈制度を機能させるためには必要なことです。ちなみにEU諸国やアメリカには、そうした場合に欠席裁判を認める制度があります。(8)

勾留審査は公開の法廷で行うべき

裁判官が検察官とだけ秘密裏に情報を共有し、被告人の拘禁を決定する現在の実務は、非常にアンフェアな仕組みです。これは「恣意《しい》的な拘禁」といわれても反論できないものであることは、疑いようがないと思います。そして、第6章で指摘したように、こうした密室での勾留審査は日本国憲法34条の要請に違反することも明らかです。個人を拘禁するか釈放するかを決定する手続は、公開の法廷で行わなければなりません。つまり、被告人の拘禁を主張する政府(検察官)は、公開の法廷で証人尋問をしたり証拠を提出したりして身柄拘束の「正当な理由」(憲法34条)を立証しなければなりません。そして、その立証ができないとき、裁判官は被告人の釈放を命じなければならないのです。

こうしたディテンション・ヒアリングを行うことは、最高裁の判例変更や法律の制定を待たずに、いますぐできることです。これを禁止する法律は存在しません。それどころか、現行法はこうした公開手続を行うための仕組みをすでに用意しているのです。たとえば、刑事訴訟法43条2項は「決定又は命令は、口頭弁論に基いてこれをすることを要しない」と定めています。「要しない」というのは「やらなくても良い」というだけであって「やってはいけない」ということではありません。ですから、勾留や保釈の決定をするときに口頭弁論を開くことは可能なのです。さらに、同条3項はこうした決定をする際に「事実の取調をすることができる」と定めています。この規定を受けて、刑事訴訟規則は「事実の取調」の方法として証人尋問をすることを認めています（刑事訴訟規則33条3項）。さらには、被告人や弁護人の立会いも認めているのです（同条4項）。要するに、勾留決定や保釈の決定をする場合に、裁判官は公開法廷を開いて関係者の出頭を求め、検察官に勾留や保釈拒否を正当化する理由の立証を求めることがいますぐにできるのです。

　勾留や保釈の決定を捜査過程の一場面であると位置づけて、その手続を公開の法廷で行うこと、また証拠資料を被疑者側に見せることは「捜査の密行性」に反すると言う人がいます。しかし、この考え方は誤りです。こうした「捜査密行主義」は、そもそも現行刑事訴訟法の立場ではありません。大正刑訴法は確かに捜査密行主義を規定していました（２５３条）[9]。しかし、現行刑訴法１９６条はこれを改めて「職務上捜査に関係のある者は、被疑者その他の者の名誉を害しないように注意し、且つ、捜査の妨げとならないように注意しなければならない」と規定して、「秘密」という文言を意図的に排除したのです。

つまり、現代の犯罪捜査は、完全な秘密ではありえないのです。犯罪捜査も行政作用の一環であり、国民の監視から逃れることはできません。そして、捜査の対象である被疑者の身柄を拘束しようという段階では、もはや捜査の「密行」というものを続ける理由はなくなったというべきです。むしろ、その段階で「捜査機関対被疑者」「訴追者対被訴追者」という当事者対立の構図が明確になったのです。自分が犯罪者として訴追の対象となっていることを知った個人には、訴訟の当事者として、公的な場で政府と対決する機会が保障されなければならないのは当然でしょう。自身の身柄を拘束して社会生活を奪おうとする政府（検察官）に対し、公開の法廷でその正当性を示す証拠を呈示させ、それに反証する機会を与えよと要求する権利を個人に与えるのも当然のことです。これを「捜査妨害」などと言って情報を隠すのは、不当なことと言わざるを得ません。

起訴前の保釈を認めるべき

第6章で説明したように、西欧諸国では逮捕された被疑者の身柄は「遅滞なく」「速やかに」（通常24時間以内に）裁判官の前に連れてこられ、そこで無条件で釈放されるか、条件付きで釈放（保釈）されるか、拘禁が継続されるかが決められます。わが国では、逮捕から3日以内に被疑者の身柄は、勾留質問のために裁判官の前に連れてこられ、そこでは勾留するかどうかだけが決められます。そして圧倒的多数の被疑者が勾留されます。この段階で条件付きの釈放（保釈）が認められることはありません。保釈は、逮捕の23日後に検察官が公訴を提起するまでは認められないのです。

起訴前の被疑者に保釈の権利を認めないという実務の根拠とされるのは、刑事訴訟法207条1項です。同項はこう定めています——「前三条の規定による勾留の請求を受けた裁判官は、その処分に関し裁判所又は裁判長と同一の権限を有する。但し、保釈については、この限りでない」。しかし、この但書は、起訴前には保釈を認めないということについて、少なくとも明言はしていません。この規定を文字通りに読めば、「検察官から被疑者の勾留請求を受けた裁判官は、被告人の勾留状を発行する公判裁判所と同様に勾留状を発行できる、ただし保釈に関する裁判をすることはできない」と言っているだけです。「保釈に関する裁判は勾留請求を受けた裁判官とは別の裁判官が行わなければならない」ということを定めた規定と考えることもできます。勾留状を発行した裁判官は、その被疑者には逃亡や証拠隠滅の危険があると判断して拘禁の継続をすべきだと判断したのですから、被疑者の危険性について予断を抱いています。その同じ裁判官に保釈の請求をしても公正な判断は望めないでしょう。だから、勾留決定をした裁判官とは別の裁判官が保釈の判断をしなければならないことにした、と読むことは可能でしょう。

いずれにしても、公訴提起の前と後で保釈の権利に差を設ける合理的な理由はありません。起訴されたか・されていないかという「社会的身分」による不合理な差別（日本国憲法14条1項）であり、恣意的な身柄拘束と言わなければなりません。犯罪の捜査が一般的な犯罪情報の収集の段階から進んで一人の個人に焦点が絞られ、その個人を刑事訴追の対象とするために逮捕状が発行されたとき、その個人には、身柄拘束の正当性・合法性の審査を求める権利が与えられなければなりません。そして、逃亡やコミュニティへの危険行為を行う危険性がないかあるいはその危険を防ぐ代替手段があるときには釈放され、将来の公判における防御の準備を開始する機会が与えられるべきです。そうした権利を直ちに与えず23日間も待たせるというのはアンフェアなことです。「刑事上の罪に問われて逮捕され又は抑留された者」に保釈の権利を与えないのは、国際的な人権の基準に違反しています（自由権規約9条3項）。

しかし、刑訴法207条について前述のようなリベラルな解釈をする裁判官が近い将来現れる見通しはありません。そうすると、立法＝国会に期待するしかないのでしょうか。

問題を直視することの重要性

ゴーン氏とその家族は、EUを活動拠点とする人権活動弁護士を通じて、国連人権理事会

(Human Rights Council)に対し、「彼に対する日本政府の処遇は、自由権規約が禁じる恣意的な拘禁に該当する」として、その救済を求める通報を行いました。そして、直ちに同理事会の「恣意的拘禁に関する作業部会」の調査が開始されました。ゴーン氏側からの情報提供と日本政府側からの応答を経て、2020年8月28日、同部会は人権理事会あての意見書を採択し、同年11月20日に、意見書が全世界に向けて公開されました。[10] 部会は、合計128日にわたるゴーン氏の身柄拘束は、世界人権宣言9条、10条、11条1項並びに自由権規約9条、10条1項、14条に違反するものであり、「恣意的な拘禁」に該当すると結論しました。[11]

また、同部会は、4度も繰り返された逮捕と勾留は、ゴーン氏を拘置所に留め置き、弁護人の立ち会いなしに検察官が長時間取調べることを目的に行われたものであり、「彼の自由の獲得を阻止し、弁護人との自由なコミュニケーションを含む公正な裁判のための諸権利を行使することを妨害するものであって、根本的にアンフェアであった」と言いました。[12] さらに、ゴーン氏側が提供した証拠は、「ゴーン氏に対して訴追に関連する供述を提供することを強制する効果をもつものであり、その状況は規約14条2項の無罪の推定を受ける権利を侵害し、かつ、不利益な供述を強要されない権利を保障する規約14条3項にも違反する」ことを示すに十分であると認定し、日本政府はこの認定を覆すに足る証拠を何ら提出してないと指摘しました。[13] 加えて、部会は、2019年1月8日にゴーン氏が腰縄に手錠を施されて勾留理由開示公判に出廷させられたことについても、「彼の無罪の推定を受ける権利をさらに侵害するものである。刑事被告人は、彼らが危険な犯罪者かもしれないと示唆するような方法で裁判所に出頭させられるべきではない。それは無罪の推定を損なうからである」と指摘して、同種の先例を複数引用しました。(14)

作業部会は、事案の重大性に照らして、このケースを「裁判官と法律家の独立に関する特別報告者」(15)及び「拷問その他の非人道的または品位を辱める処遇に関する特別報告者」に送付するとしました。(16)また、日本政府に対してゴーン氏に執行可能な補償をすることと作業部会の意見書をできる限り広汎《こうはん》に周知させることを求めました。(17)

上川《かみかわ》法務大臣は記者会見で「わが国の刑事司法制度を理解せず、ゴーン被告側の一方的な主張のみに依拠した、明らかな事実誤認に基づく意見書が公表されたことは極めて遺憾であり、到底受け入れることはできない」と述べました。(18)確かに、意見書は、逮捕から23日間ゴーン氏は裁判官の前に連れて行かれなかったとしており、これは「事実誤認」と言えば言えるでしょう――実際には逮捕から3日以内に裁判官の勾留質問を受けたのですから。しかし、日本政府にはそうした情報を作業部会に提出する機会が十分に与えられていました。その機会に反論しないでおいて、あとから「事実誤認」だとか「異議申し立て」を行うだとかいうのは、国連に加盟し人権規約を批准している国の態度としていささか不遜《ふそん》な態度ではないでしょうか。

そして、そもそも、わが国の「勾留質問」の実態が、自由権規約が要請する「速やかな司法官憲への引致」（9条3項）の実質を備えているかは疑問です。第6章で説明したように、欧米における逮捕後速やかな裁判官への引致は、公開の法廷で拘禁するか保釈するかを証拠によって審査する手続です。現在日本で行われている勾留質問は裁判所のなかの密室で、弁護人の立ち会いもなく、裁判官から被疑事実を読み上げられて意見を聞かれるだけの手続です。被疑者によっては、自分が対面している人が裁判官なのか検察庁の職員なのかわからないという人も決して珍しくありません。ゴーンさんにもこの手続は全く印象に残っていませんでした。こうした実質を考えれば、作業部会の認定は事実誤認ですらないということもできます。

世界中どこにも完璧な刑事司法、完璧な未決拘禁制度を備えた国などというものはありません。先に指摘しましたが、ドイツやフランスなどの大陸法系諸国も、規約人権委員会やヨーロッパ人権裁判所から人権条約違反を指摘されたことがあります。とりわけ、移民に対して長過ぎる公判前拘禁が行われているという問題を繰り返し指摘されています。アメリカでも、貧困層が保釈金を支払えずに拘禁されていることについて、内外から批判されています。金銭による保釈制度の廃止を検討する州も現れています。(19)

しかし、重要なのは、問題を直視することです。そして、少しでも公正で透明性のある手続で、かつ、不必要な身柄拘束をしない——「鏡の国」の状況を出現させない——制度へと改革する努力をすることです。日本の検察や裁判所には一種の「無謬《むびゅう》性神話」があるのではないかと思います。内外からの批判をはねつけるだけで真摯《しんし》に耳を傾けようとする姿勢が感じられません。一番の問題はこうした体質にこそあるのかもしれません。

(1)*Miranda v. Arizona*, 384 U.S. 436 (1966), at 473-474.
(2)最大判1999・3・24民集53-3-514、518頁。
(3)GPSモニタリングそのものを保釈条件にしたのではなく、そういう提案がなされたことを一つの考慮要素として保釈を認めたということです。
(4)50万円以下の罰金または科料に当たる事件（刑事訴訟法284条）。
(5)権利放棄が完全に任意に行われることが条件でなければならないのは当然です。たとえば、被告人に訴追の事実を知らせず、弁護人選任権も告げないまま欠席裁判をすることが許されないことは言うまでもありません。また、病気などのために出頭できない正当な理由があるのに、1回出頭しなかっただけで直ちに権利放棄を認定することも許されないでしょう。
(6)刑訴法289条1項「死刑又は無期若しくは長期三年を超える懲役若しくは禁錮にあたる事件を審理

する場合には、弁護人がなければ開廷することはできない」。
(7)最2小決1995・3・27刑集 49-3-525、532頁。
(8)2016年のEU指令は「被疑者、被告人が、しかるべき時に裁判の予定を告知され、かつ欠席の結果を告知されていた場合」あるいは「裁判の予定を知らされた被疑者、被告人が、自らまたは国により任命された弁護人によって代理されている場合」には被告人の出欠にかかわらず開廷できるとしました（北村泰三「EUの刑事手続関連指令（仮訳）⑵」中央ロー・ジャーナル 16-3-105（2019）、116頁）。アメリカ連邦刑事訴訟規則43は、被告人が公判開始後に自発的に欠席したときは出頭の権利を放棄したとみなし、被告人の在廷なしに公判を続行できると定めています。
(9)「捜査ニ付テハ秘密ヲ保チ被疑者其ノ他ノ者ノ名誉ヲ毀損セサルコトニ注意スヘシ」。
(10)Opinions adopted by the Working Group on Arbitrary Detention at its eighty-eighth session, 24-28 August 2020. A/HRC/WGAD/2020/59.
(11)*id.*, para. 84.
(12)*id.*, para. 72.
(13)*id.*, para. 75.
(14)*id.*, para. 81.
(15)特別報告者（Special Rapporteur）というのは、国連人権理事会により任命された独立の専門家で、特定の国における人権状況やテーマ別の人権状況について調査、監視、公表を行います。
(16)Opinions, *supra* note 10, para. 88.
(17)*id.*, paras. 86, 89.

(18)「上川法相『極めて遺憾』　国連作業部会の意見書に」日本経済新聞（電子版）２０２０年11月24日　https://www.nikkei.com/article/DGXMZO66553730U0A121C2CE0000/

(19)２０２１年2月、イリノイ州は全米ではじめて保証金による保釈制度を廃止しました。https://www.npr.org/2021/02/22/970378490/illinois-becomes-first-state-to-eliminate-cash-bail

あとがき

カルロス・ゴーン氏が逮捕され勾留《こうりゅう》されて、なかなか釈放されなかったことで、この国の未決拘禁制度は国際的な注目を集めました。「人質司法」（"Hostage Justice"）という言葉は、はじめて、日本の弁護士以外の世界中の人々が口にする国際語になりました。彼が日本以外のOECD加盟国で逮捕されたのだとしたら間違いなく3日以内に釈放され、連日検事の尋問を受けることもなく、自宅で生活しながら弁護人と一緒に公判準備をすることができたでしょうし、ルノー・日産・三菱アライアンスのCEOを続けることもできたでしょう。日本という国で刑事訴追をされたがために、彼は自由を失い、社会的地位を失い、そして家族との絆《きずな》も危機的状況に陥ったのです。私はゴーン氏の弁護人として、それまでのすべての依頼人のために行ってきたように、彼の正常な生活を回復するための活動を行いました。それはうまく行ったように見えましたが、結局のところ不完全なものでした。安心してこの国で刑事裁判を受けようという依頼人の意欲をつなぎとめることは残念ながらできませんでした。

人は神から与えられた生を全うする天賦の権利があるはずです。理不尽なシステムに囚《とら》われてこの貴重な人生を奪われようとするとき、人は、運命を賭《か》けてこの状況からの脱出を試みる権利があるはずです――「巌窟王《がんくつ》」エドモン・ダンテスのように。ゴーン氏はこの権利を主張しました。日本の政府は、彼は正義から逃亡した罪人に過ぎないのだと主張しました。国際世論は相半ばしています。問題の核心は、この国の未決拘禁制度がフェアなものであるか、人道の本質に根ざしたものであるかという点にあります。われわれ日本国民全員は、この問いに向き合うことができなければなりません。われわれには主権者としてそうする権利があります。

刑事弁護を生業《なりわい》とする弁護士の多くがそうであるように、私は、この国の未決拘禁制度に多大の疑問を感じてきました。憲法や法律が描いている制度と現実の制度はあまりにも違いすぎます。日本の法制度をその条文からイメージすると、全く現実とはかけ離れたものになってしまいます。この法文と現実とのギャップはなかなか理解されません。大学で法律を教えている学者ですら、わかっていない人がたくさんいます。ましてや普通の市民は、日本の刑事司法はフェアなものであり、うまく行っていると考えているようです。

こうした「情報の非対称性」を埋めるために自分ができることはないのかと私は長い間考えていました。いろいろな偶然が重なり、今回その機会を得ることができました。弁護士業務をフルに行いながら、必要な資料を集めそれを咀嚼《そしやく》し執筆するための時間を確保するというのは、なかなか困難なことではありました。困難ではありましたが、苦痛ではありませんでした。とりわけ先輩法曹の歴史的な議論を紐解《ひもと》くことは、私にとってわくわくする体験であり、また、新しい発見でもありました。

1年間にわたって私の執筆活動に伴走してくれたKADOKAWA編集部の中村洸太《なかむらこうた》さんには感謝の言葉もありません。「学芸ノンフィクション」が専門の中村氏の率直な意見や提案が私に様々な気づきを与えてくれました。もちろん本書のすべての文章は私のものであり、その責任は私にあります。

2021年3月

高野　隆

図版作成　小林美和子

本書は書き下ろしです。
本書を通しての参考文献は
各章末註に明記しています。

高野　隆（たかの・たかし）
1956年生まれ。弁護士。高野隆法律事務所代表パートナー。一般社団法人東京法廷技術アカデミー代表理事。79年、早稲田大学法学部卒業。82年、弁護士登録（埼玉弁護士会）。87年、サザン・メソジスト大学ロー・スクール卒業（LL.M）。2004年、早稲田大学大学院法務研究科（法科大学院）教授（09年まで）。19年2月より、日産自動車元会長カルロス・ゴーン氏の弁護人を務めた。著書に『憲法的刑事手続』（分担執筆）、『ケースブック刑事証拠法』（編著）、『弁護のゴールデンルール』（翻訳）、『刑事法廷弁護技術』（共著）などがある。

人質司法《ひとじちしほう》

高野《たかの》　隆《たかし》

2021年 6月 10日　初版発行
2024年 10月 20日　再版発行

◆◇◇

発行者　山下直久
発　行　株式会社KADOKAWA
〒102-8177　東京都千代田区富士見2-13-3
電話　0570-002-301（ナビダイヤル）

装丁者　緒方修一（ラーフイン・ワークショップ）
ロゴデザイン　good design company
オビデザイン　Zapp!　白金正之
印刷所　株式会社KADOKAWA
製本所　株式会社KADOKAWA

角川新書

ISBN978-4-04-082370-6 C0232